김광석
우리삶의
노래

▪ 이 책은 알라딘 스페셜 북펀드에 참여해주신 분들의 도움으로 출간되었습니다.

강경회 강동구 강명숙 강문숙 강봉규 강부원 강영미 강영애 강은희 강주한 강태진 고청훈
김기남 김기태 김다영 김병희 김성기 김수경 김수민 김수영 김숙자 김아름 김영주 김인겸
김재철 김정선 김정환 김주현 김중기 김지수 김진주 김하영 김학근 김현승 김현철 김혜원
김화평 김회곤 나준영 남요안나 노진석 류상효 류재홍 류진 문현경 박경진 박기자 박나윤
박민정 박성란 박승두 박연옥 박은희 박준일 박진순 박진영 박진영 박혁규 박혜림 박혜미
박혜원 서민정 서창겸 설진철 성준근 송덕영 송정환 송주형 송화미 신민영 신승준 신정훈
신혜경 신혜자 심혜란 안진경 안진영 안혜련 양민회 여승주 원성운 유병찬 유성환 유승안
유인아 유인환 유지영 윤정훈 윤종현 윤혜인 이경호 이경희 이대석 이만길 이미령 이상훈
이성욱 이수진 이수한 이승빈 이승원 이승진 이은경 이하나 이한샘 이환희 이희경 장경훈
장하연 전미혜 전지운 전진성 정두현 정민수 정영미 정원택 정윤희 정진이 조민희 조보라
조선아 조승주 조은수 조정우 최경호 최규진 최민경 최순영 최영기 최헌영 탁안나 하상우
한수정 한승훈 한진우 함기령 허민선 현동우 홍보람 홍상준

김광석
우리 삶의
노래

김용석 지음

천년의상상

김광석을
위하여

    김광석은 '가수'였다. 이 호칭을 그 이름에 붙여 부끄럽지 않은 사람이었다. '가수답다'라는 것, 그는 노래가 무엇인지, 어떻게 실천해야 하는지를 깨닫고, 그렇게 실천했다. '~답다'라는 것은 고대로부터 지금까지 인간행동의 핵심 덕목이다.

    김광석은 노래하는 노동자였다. 그에게 '노래하는 시인'이라는 별칭은 당연해서 오히려 사족이 되리라. 그는 예술의 허영으로 고상한 척할 줄은 몰랐지만, 자기 분야에서 삶의 진정성을 체화한 고귀한 노동자였다. 1000회 라이브 공연과 치열한 탐구 정신으로 이루어낸 '다시 부르기'는 그가 일상처럼 해낸 노동이었다.

    김광석은 '사람'이었다. 사람들 속에서 '사람들의 노래'를 불러 행복했고, 사람들을 행복하게 했다. 그가 민중가수를 거쳐 대중가수의 길을 걸어갔다고 하는 것은 부질없는 말이리라. 그 어느 것이거나 사람들의 노래를 부르는 일에 엮여 있는 것이기 때문이다. 민중도 대중도 모두 사람들이다.

실천적 지혜와 행동, 일, 인간관계…… 그의 노래가 우리 삶의 본질적 의미를 소환한다면, 10년 남짓한 시간을 불꽃처럼 노래하며 살다 간 그의 삶을 반추하는 일은 철학적 가치를 획득한다. 이 작은 책에서는 제한된 공간에서나마 김광석의 노래와 삶이 제공한 화두들, 곧 삶의 한계로서 시간, 욕망과 사랑, 만남과 헤어짐, 편지의 생명 같은 인생, 진실 게임, 인간의식의 고양, 연애와 사랑, 인간조건으로서 비극성, 인간감성의 보편적 요소로서 낭만, 정의와 조화의 이면, 더 나은 세상을 향한 꿈, 존재의식, 노래하기와 철학하기의 유비성 등에 대해 독자와 함께 사색하고자 한다.

이 각별한 소재에 대한 사색의 과정을 글로 옮기는 일은 내게 새로운 시도다. 호기심이 일고 아이디어가 번뜩이기도 했지만 많이 모자란 것도 같고 두렵기도 했다. 이럴 땐 여기저기 도움을 청해야 한다. 이 지난한 노동을 북돋아주는 사람도 필요하다. 이에 좀 긴 '감사의 말'을 서문에 이어 쓰고 싶다.

감사의 말

내겐 김광석의 음악세계에 대한 직접적 경험이 없다. 김광석이 가수로서 활동하던 때인 1980년대와 1990년대에 서로 다른 공간에 있었기 때문이다. 그 기간 동안 해외에 거주했던 나는 그의 사후에 귀국해 그의 노래를 듣기 시작했고, 최근 몇 년 동안 그의 음악세계에 각별한 관심을 갖고 공부했다.

이 책은 전적으로 김광석의 노래를 듣고 영감을 얻은 데서 출발하여 '철학적 상상'을 펼친 것이다. 그러므로 그의 노래를 듣고 그의 독창적 곡 해석을 음미하며 책의 내용을 전개해나갈 때, 그의 삶과 음악세계에 대해 몇 개의 가설을 설정하고 그에 답하는 길을 찾곤 했다. 1차 탈고 후에는 그의 음악과 삶에 대한 평론, 전기, 또는 전기적 성격의 에세이 등을 참고하면서 내 가설과 해석의 내용을 확인하곤 했다.

나로서는 놀랍게도 전문 평론과 전기의 내용들이 내 입장을 확인하거나 '증언'하는 경우가 많았다. 이는 나의 상상력과 통찰력 덕인가? 아니다. 전적으로 '노래의 힘' 때문에 얻은 성과다. 김광석의 노래 자체가 철학적·미학적·문화사적 화두를 던지기 때문이다. 그의 노래에는 자신의 예술을 완성하기 위해 진지하고 치열하게 살았던 삶의 역정이 담겨 있다. 삶의 진정성이 피처럼 응집된 소리가 울리는 공명에 성찰적 의식이 동면하고 있을 순 없는 일이다.

김광석의 삶과 음악을 기록하고 비평해준 작가들에게 우선 감사의 말을 전하지 않을 수 없다. 『김광석 평전』의 이윤옥, 『김광석 포에버』의 구자형, 『김광석 부치지 않은 편지』의 문제훈, 포토 에세이 『김광석 그가 그리운 오후에…』의 임종진, 그리고 김광석의 유고 에세이집 『미처 다 하지 못한』의 편집인들, 김광석―나의 노래 CD-DVD 박스 세트에 평론을 실은 임진모, 김태훈, 원용민, 김경진, 김작가, 김고금 평, 박준흠, 이 모든 작가와 평론가의 글이 내게는 참고문헌이자 격려 의 말이었다.

이 책의 바탕글은 철학문화연구소에서 발간하는 계간 『철학과 현 실』 '2014년 가을호'에서 '2015년 가을호'까지에 실린 '철학 에세이' 다섯 편이다. 당시에 기고한 글을 대폭 수정하고 확장한 것은 물론 첨 가한 내용도 많아 새로 쓰다시피 한 셈이다. 하지만 '철학의 현실화 와 현실의 철학화'를 모토로 다양한 소재와 주제에 열린 편집 정책을 실천하는 전문지의 역할 없이 문화의 다양한 분야가 교류하기는 쉽지 않다. 기고 기간 동안 원고 마감 때문에 애를 태웠고 당시 글을 활용 하도록 협조해준 철학문화연구소의 백두환 편집장에게 감사의 말을 전한다.

이 책은 김광석의 한 열혈 팬이 내 등을 집요하게 떼밀며 독려하지 않았더라면 세상에 나올 수 없었다. 그 열혈 팬은 이 책의 기획과 편집 에 수고를 아끼지 않은 '천년의상상'의 선완규 대표 겸 편집주간이다. 그는 언젠가 "비틀스, 밥 딜런, 라디오헤드 등 유명한 대중가수를 인 문학자의 사유를 통해 새로운 인식의 지평에 올려놓은 책들을 흥미롭 게 읽으며 엄청 부러웠다"라고 하면서 정말 부러운 표정을 지었다. 그 연기에 내가 속아 넘어간 것이겠지만, 김광석의 세계에 깊이 들어갈 수 있었던 건 행운이다. 그러니 고맙다고 할 수밖에.

끝으로 내가 정말 고마워해야 할 사람이 있다. 그가 누구라는 건 짐작했으리라. 가객 김광석, 그에게 내 이 고마워하는 마음을 띄워 보낸다. 진지하게 살며 노래했던 그가 있음에, 우리 삶의 노래가 있다. 그 노래가 있음에, 예술이 있고 철학이 있고 문화가 있다.

차
례

Chapter 3

현대의 음유시인, 그리고 연애와 사랑

Chapter 4

낭만가객과 예술 그리고 혁명

Chapter 5

지금 여기 있고도 없는 '물구나무선 세상'

Chapter 6

바람 속으로 떠난 노래의 영혼

Chapter 7

'다시 부르기'와 철학하기

내게 이 작은 책을
감히 누군가를 위하여 바칠 수 있는 자격이 주어진다면,
나는 이 책을 모든 노동자에게 바치고 싶다.
각자 맡은 분야에서 삶의 진정성을 체화한
고귀한 노동자 모두에게 바치고 싶다.

시간과 삶의
텍스트로서
노래

Chapter 1

Text of Life

그의 음반 레퍼토리를 보면 삶, 사랑, 사람이라는 단어가 자연스레 떠오른다. 이 세상엔 각양각색의 사람들이 사랑하며 삶을 만들어간다. 김광석은 가벼우면서도 무겁고 피상적이면서도 깊은 삶의 다양한 주제를 노래의 씨줄과 날줄로 엮은 인생 텍스트를 세상에 내놓곤 했다. 그래서 누구라도 그 텍스트의 매듭들에서 '자기 이야기'를 발견하곤 진하게 동감하고 삶을 성찰하는 화두를 얻게 된다.

김광석의 노래를 듣고 있으면 인생이라는 열차가 주마등처럼 지나가는 것 같다. 아니 삶의 리듬으로 달리는 그 열차 안에 내가 타고 있는 듯하다. 대학에서 강의할 때 학생들에게 '삶을 텍스트 삼아' 철학하기를 강조하곤 했다. 그래서 해외에 있을 땐 '텍스트 오브 라이프 text of life'라는 표현도 종종 썼다. 김광석이 남긴 노래들은 그 자체로 '인생 텍스트'이다.

김광석 자신도 "제 노래는 이야기입니다. 사랑하는 이야기, 아파하는 이야기, 그리워하는 이야기, 평범한 사람들이 살아가면서 겪고 느끼는, 이런저런 일상의 이야기들을 노래로 담아냅니다"라고 말하곤 했다. 그는 데뷔 초부터 '세상을 향해 부르는 노래'에 관심이 깊었다.

그의 음반 레퍼토리를 보면 삶, 사랑, 사람이라는 단어가 자연스레 떠오른다. 이 세상엔 각양각색의 사람들이 사랑하며 삶을 만들어간다. 김광석은 가벼우면서도 무겁고 피상적이면서도 깊은 삶의 다양한 주제를 노래의 씨줄과 날줄로 엮은 인생 텍스트를 세상에 내놓곤 했다. 그래서 누구라도 그 텍스트의 매듭들에서 '자기 이야기'를 발견하곤 진하게 동감하고 삶을 성찰하는 화두를 얻게 된다.

현대 음악은 다양한 구성요소를 갖고 있다. 가요계에서는 음악이 청각예술이라는 전통적 범주 구분을 무색하게 만들 정도로 시각적 차원이 중요해졌다. 이런 세계에서 인생 텍스트를 전달하기 위해서는 자신이 표현하는 예술형식에 대한 분명한 의식이 있어야 한다.

김광석은 가수란 '목소리의 예술가'라는 의식이 분명했던 것 같다. 김광석 음악의 핵심은 시가詩歌, 즉 시와 노래이다. 그래서 그에게는 노랫말이 중요해진다. 그렇다고 노랫말이 지닌 원래 뜻의 중요성에만 머무는 게 아니다. 자신의 목소리가 '이미 지어진 말'에 어떻게 '지금 살아 있는 의미'를 실어주는지가 중요했다. 바로 김광석 특유의 곡 해석이 탄생하는 것이다. 그건 단순한 목소리, 곧 목의 소리가 아니라 몸의 소리이고 영혼의 소리이다. 몸과 얼이 목을 통해 전달하는 소리, 그 소리에는 자기 삶의 진한 경험과 고뇌의 미세하고 굵은 결들이 새겨져 있다. 그 소리는 자신의 삶과 괴리됨 없이 일치한다. 그러므로 그의 노래를 듣는 타인들의 삶과도 즉각 감동적으로 연결될 수 있는 것이다. '나의 노래'는 '너의 노래'가 되고 '우리의 노래'가 된다.

김광석의 '다시 부르기'는 노래의 역사에서 독보적이다. 평자들은 '남의 노래'를 완벽히 소화해 '자기 노래'로 만들 줄 아는 탁월한 능력을 높이 산다. 그러나 김광석의 작품성이 이에 머문다면 그 의미는 대폭 축소되리라. 김광석의 진짜 공덕은 남의 노래를 '우리의 노래'로 만들었다는 데에 있기 때문이다.

그의 곡 해석이 대단한 흡인력을 갖는 데에는 또 다른 이유가 있다. 주제의 확장성이 그것이다. 노랫말은 특정한 대상과 상황을 전제하는 경우가 적지 않다. 대표적인 것이 〈이등병의 편지〉이다. 그러나 이 노래는 젊은 남자가 입영 전야에 또는 군에 막 입대해 부르는 노래만은 아니다. 세대에 관계없이 또한 어떤 특별한 처지에 관계없이 누구나 듣고 부를 수 있는 노래이다. 우리 모두가 '인생 이등병'이기 때문이다. "이제 다시 시작이다." 한평생 사는 동안 새로운 다짐으로 다시 시작해야 할 일이 얼마나 많은가. 그때마다 "무엇인가 아쉬움이 남고" 뭔지 모를 두려움에 움츠러들지 않는가. 그때마다 "두 손 잡던 뜨거움"을 느끼게 하는 인간관계가 간절하지 않은가. 김광석은 이 노래를 '입영 노래'가 아니라 '인생 노래'처럼 불렀다. 그렇기 때문에 다른 어떤 입영 노래보다 오랫동안 우리 삶과 함께하고 있는 것이다.

〈서른 즈음에〉가 서른 살에 이른 사람만을 감동시키지는 않는다. 이는 〈어느 60대 노부부 이야기〉에서도 마찬가지이다. 세월의 힘에 못 이겨 사랑하는 사람과 이별해야 하는 이야기이지만, 이야기 속의 아들과 딸 역시 또 다른 세상을 헤쳐나가야 하고 사랑하며 살아가야 하기 때문이다(김광석이 살아 있었다면 '아흔을 넘어서는 미안함으로'라는 제목의 노래를 모든 세대가 공감할 수 있게 불렀을지도 모를 일이다). 또한 사랑을 주제로 한 김광석의 다른 노래들에서도 세대와 처지를 넘어서는 의미의 확장성을 느낄 수 있다.

이 모든 일을 가능하게 하는 것이 김광석의 곡 해석력이다. 단순히 가창력이라는 말로 규정할 수 있는 수준을 넘어서는 그 무엇이 그의 노래에 담겨 있다. 곡의 해석은 가창에 전제되며, 해석에는 삶을 용해해서 터득하고 체화한 철학이 담기기 때문 아니겠는가.

두렵고도 아름다운 삶의 시간들

"또 하루 멀어져 간다~." 노래의 첫 마디부터 폐부를 찌른다. 아니 김광석이 폐부를 찌를 작정으로 그렇게 부른다. 정말 뭔가 소중한 것이 멀어져가는 것만 같다. 1995년 6월 29일 KMTV가 주최한 콘서트에서 김광석은 〈서른 즈음에〉를 부르고 나서 "뭔가 이렇게 공감하시죠? [……] 뭔가 스스로 가진 한계라고 하는 것……, 꼭 나이 때문만은 아닌 것 같습니다"라고 말한다.

한계. 그렇다. 〈서른 즈음에〉는 삶의 한계를 노래하고 있다. '서른'이란 나이는 인생의 한계를 느끼는 사람의 심리적 순간들 가운데 한 예일 뿐이다. "머물러 있는 청춘인 줄 알았는데" 그렇지 않음을 섬뜩 느끼는 순간이기 때문에 서른이란 한계점은 특별할 수 있다. 그러나 한계 중에서도 가장 근원적이고 분명한 한계는 무엇일까? 물론 이 분명함에도 불구하고 일상에서 자주 잊고 살지만 말이다. 그건 시간이다. 세월이 흐르고, 나이를 먹고, 모든 것을 변하게 하고, 태어나면 소멸하게 하는 한계, 그 야속한 한계가 곧 시간이다.

어떤 심리학자는 마흔이야말로 나이의 무게를 절감하는 때라고 한다. 마흔 즈음에 처음으로 죽음의 의미에 대해 심각히 생각하게 되기 때문이란다. 마흔은 지금까지 살아온 세월과 앞으로 살아갈 날들 사이에 있는 고비의 시기이다. 살아온 날들보다 살아갈 날들이 날마다 적어지기 시작한다는 그 어떤 두려움이 문득 드는 때이기도 하다.

르네상스를 대표하는 시성詩聖 단테Dante Alighieri 는 『신곡』을 다음과 같은 시구로 시작한다. "우리네 인생길 반 고비에／바른 길을 잃고서／어두운 숲속을 헤매고 있었다." 여기서 인생 반 고비라 함은 서른다섯 살을 말한다. 첫 행에서 '우리네'라는 대명사를 쓴 것은 통상 사람들이 그렇게 여긴다는 뜻이다. 그리고 이어서 '나'라는 주어를 씀으로써 자신도 그 나이에 방황하고 있었음을 보여준다. 실제로 단테는 서른다섯에 이 대작을 썼다. 한계에 대한 고뇌와 사색은 위대한 창작의 계기가 되기도 한다. 사람마다 인생의 한계를 중병 앓듯 느끼는 시기가 조금씩은 다르지만 그것이 삶에 어떤 특별한 계기가 된다는 공통점은 있다.

그리고 이런 한계의식은 어느 가을날 바람처럼 스며들기도 하고, 소나기 쏟아질 무렵 섬뜩 첫 빗방울처럼 떨어지기도 하며, 황홀한 석양 앞의 숭고한 두려움처럼 찾아오기도 한다. 그것도 긴 인생 여로에서 여러 번. 그렇기 때문에 우리는 사색한다.

한계 중에서도 가장 근원적이고 분명한 한계는 무엇일까? 물론 이 분명함에도 불구하고 일상에서 자주 잊고 살지만 말이다. 그건 시간이다. 세월이 흐르고, 나이를 먹고, 모든 것을 변하게 하고, 태어나면 소멸하게 하는 한계, 그 야속한 한계가 곧 시간이다. 이것은 거시적으로 본 시간의 한계이다.

시간의 미시적 한계도 있다. 우리는 시간이 정해주는 미시적 한계들과 토닥거리며 일상을 살아간다. 몇 시에 일어나야 하고, 몇 시까지 가야 하며, 몇 시에 시작해야 하고, 몇 시까지 마쳐야 하며, 몇 시에 먹어야 하고, 몇 시에 만나야 하며, 몇 시를 넘기지 말아야 하고, 몇 시에는 쉬어야 한다. 이럴 때마다 우리는 묻곤 한다. "지금 몇 시야?" 자문하기도 한다. "지금 몇 시지?" 하지만 이런 질문을 대단히 심각하게 하지는 않는다. 매 순간마다 심각히 질문하면 일상생활 자체를 할 수 없을 테니 말이다.

하지만 "몇 시야?What time is it?"라는 평범한 질문을 살짝 비틀어 "시간이란 뭘까?What is time?"라고 묻는 순간 모든 게 확 달라진다. 갑자기 세상이 물구나무선다. 삶이 불현듯 의미 없어진다. 몇 시냐는 물음에는 바로 답할 수("응, 11시 20분") 있지만, 시간이 무엇이냐고 묻는 데에는 말문 자체가 막히고("……") 말기 때문이다.

하긴 기독교의 성인이자 위대한 사상가인 아우구스티누스A. Augustinus도 『고백록』에서 이렇게 말했다. "어느 누구도 그것에 대해 물어보지 않았을 때는 나는 그것에 대해 알고 있다. 하지만 누군가로부터 그것에 대한 질문을 받고 그것에 대해 설명하려 하면 나는 그것이 무엇인지 모른다." 여기서 '그것'은 시간이다. 그 질문은 "시간이란 무엇인가?"이다.

아우구스티누스의 이런 문제의식은 현대철학에 이르기까지 후대에 많은 영향을 미쳤는데, 그 영향으로 아주 복잡한 이론을 전개한 철학자가 하이데거M. Heidegger이다. 하이데거의 대표작 『존재와 시간Sein und Zeit/Being and Time』은 그 이후 사르트르J.-P. Sartre를 비롯한 이른바 20세기 실존주의 철학자들에게 지대한 영향을 미쳤고 오늘날까지도 많은 사상가의 연구대상이지만, 난해하기로 유명하다. '시간' 개념에 '존재'의 개념까지 붙었으니 그럴 만도 하다는 생각이 든다.

그런데 아주 무례하고(하이데거와 그 후학들에게 미안하지만) 과감하게 이 작품의 핵심 개념을 단순화하면 이렇게 정리할 수 있다. 존재는 시간이다. 시간 때문에 존재는 의미를 획득한다. 존재는 스스로 시간이란 한계를 품고 있기 때문이다. 인간은 그것을 의식한다. 물론 가끔이거나 아주 드물게 의식하지만 말이다. 김광석도 "스스로 가진 한계라고 하는 것"이라고 말하지 않았던가. 존재와 시간은 서로 한 몸처럼 얽혀 있어 오히려 갈등하며, 인간은 그것을 의식한다.

김광석이 또한 "꼭 나이 때문만은 아닌 것" 같다고 하지 않았던가. 탄생과 사멸 사이에 던져진 인간은 어떤 시점에서라도 이 세상에 한정적으로 존재하는 자신을 의식하며 삶을 계획할 수밖에 없다. 그렇기 때문에 아주 진지하게 삶을 가꾸고 보살피며 계획해야 한다. 시간이 흐르는지 아니면 우리가 시간 위를 흘러가고 있는지는 잘 모르겠지만, 인간은 성장의 매 순간마다 '삶이 죽음을 위한' 여정이라는 역설을 깨닫게 된다. 시간은 비가역적이다. 한번 흘러간 시간은 되돌아 오지 않는다. 자연과학에서는 시간의 이런 현상을 냉혹하게 '시간의 화살arrow of time'이라 비유하지 않는가. 시간은 무심하다. 그러나 인간 은 유심하다.

"사람이라는 게 상황이 있고, 주변이 있고, 시간이 있어서 지나보면 사람들은 늘 변한다." 그런데 "시간은 놀라지도 아쉬워하지도 않는 다./안타까울 이유도 없는 것/지난 시간들을 추억이라는 이름으로/ 매어놓지도 않는다". 김광석이 유고집 『미처 다 하지 못한』(2013년 출간) 에 남긴 말이다. 김광석은 평범한 일상이 품고 있는 근원적 물음을 직 감하며 살았던 것 같다. 그것을 논리적 언어로 표현하지 않았을 뿐 감 성적 예술에 담으려 했다. 예술이 철학을 표현하고자 할 때의 진지함 과 성실함이 그의 노래에 배어 있다. 진정성authenticity, 그건 실존주의 철학의 핵심주제가 아니던가.

진지함은 창의적 시도를 요구한다. 노랫가락에서도 그렇다. 김광석 은 "또 하루 멀어져 간다~"라는 마디를 마치 노래의 후렴처럼 부른다. 그러니까 이 촌철살인 같은 노랫마디는 역설적으로 처음에 나오는 후 렴인 셈이다. 이 독특한 후렴은 조금씩 각색되면서 매 연聯마다 첫 마 디로 돌아온다. "점점 더 멀어져간다~ [……] 조금씩 잊혀져간다~ [……] 또 하루 멀어져간다~~." 형식상의 진짜 후렴은 앞에서 운을 떼 어준 덕에 노래 전체의 의미를 도드라지게 하며 더욱 감동적으로 마 감한다. "매일 이별하며 살고 있구나/매일 이별하며 살고 있구나."

〈서른 즈음에〉가 삶의 한계를 노래함은 다른 마디들에서도 찾아볼 수 있다. "작기만 한 내 기억 속에 무얼 채워 살고 있는지"라는 마디에서도 그렇지만, 세 번째 연에서 김광석이 열창하는 마디들은 한계의식을 잘 보여준다. "계절은 다시 돌아오지만 / 떠나간 내 사랑은 어디에"로 시작하는 이 연은 언뜻 들으면 떠나간 사랑을 아쉬워하는 것 같다. 하지만 그가 절규하듯 열창하는 부분은 뒤의 두 마디이다. "내가 떠나보낸 것도 아닌데 / 내가 떠나온 것도 아닌데." 자신의 의지와 상관없이 사랑은 떠난 것이다. 아니 종종 세상일은 자신의 의지에 반해서 일어난다. 이 '어쩔 수 없음'의 한계는 김광석의 다른 노래들에서도 때론 처연하게 때론 체념하듯 들려온다.

하지만 영화 제목처럼 '인생은 아름답다'. 생명이 있는 곳에 아름다움이 없을 수 있겠는가. 삶에 '어찌할 수 없는' 한계가 있다는 것은, 삶의 상당 부분은 어떻게든 우리 의지로 해낼 수 있다는 뜻이기도 하다. 아름다운 삶을 살아갈 수 있다는 뜻이다. 「김광석 네 번째」 앨범은 〈서른 즈음에〉와 함께 그런 의지를 잘 보여주는 노래들도 담고 있다.

자신이 작사·작곡한 〈일어나〉에서 시도하는 의미 전달의 효과는 짧은 영화 한 편을 보여주듯 한다. 여기서도 김광석은 삶의 한계, 인생의 덧없음으로 이야기를 시작한다. "인생이란 강물 위를 끝없이 부초처럼 떠다니다가 / 어느 고요한 호숫가에 닿으면 물과 함께 썩어가겠지. [……] 아름다운 꽃일수록 빨리 시들어가고 / 햇살이 비치면 투명하던 이슬도 한순간에 말라버리지." 하지만 이것은 복선일 뿐이다. 곧 생명의 의지에 의해 전복되기 위해 있는 것이다. "일어나 일어나 다시 한 번 해보는 거야 / 일어나 일어나 봄의 새싹들처럼." 그는 포효하기 위해 신음했던 것이다.

우리는 근원적 한계로부터 자유롭지 못하다. 죽지 않을 자유는 없다. 하지만 우리 삶에는 '사이비pseudo 한계'도 많다. 한계처럼 보이는 일상의 갖가지 속박 말이다. 역시 자신이 작사·작곡한 〈자유롭게〉에서 김광석은 이런 '일상의 한계'에 갇혀 있음을 고백한다. "쉽게 단정 지은 일들 나와 너를 구속하고 / 쉽게 긍정 지은 일들 나와 너를 얽매이고 / 쉽게 인정했던 일들 나와 너를 부딪치고."

그리고 이들을 벗어나는 것이 우리가 할 수 있는 일이고 해야 할 일임을, 또한 어떻게 벗어날 수 있을지를 노래한다. "열린 마음으로 그저 바라봐 / 너너너 너너너 너너너 너 […] 서로가 아끼고 보듬을 우리 / 따뜻한 눈으로 마주할 우리 / 사랑으로 자유롭게 / 사랑으로 자유롭게." 그래서 같이 부르자고 초대하듯이 목에 힘 빼고 자유롭게 흥겨운 추임새를 넣듯 부른다. 사이비 한계로부터 자유롭다면 인생은 충분히 아름답다.

김광석이 4집 앨범의 시작과 끝에 〈일어나〉와 〈자유롭게〉를 배치한 건 다분히 의도적으로 보인다. 그런데 4집에는 상대적으로 덜 주목받은 곡들이 있다. 〈혼자 남은 밤〉과 〈맑고 향기롭게〉가 그렇다. 〈혼자 남은 밤〉의 후렴은 인생의 덧없음("되올 수 없는 시간들")과 고독한 인간("외롭게 나만 남은 이 공간")을 극복하려는 밝은 의지를 노래한다. "아 이

렇게 슬퍼질 땐 거리를 거닐자 / 환하게 밝아지는 내 눈물 [……] 아 이
렇게 슬퍼질 땐 노래를 부르자 / 삶에 가득 여러 송이 희망을 / 환하게
밝아지는 내 눈물."

　김광석은 특히 〈맑고 향기롭게〉에서 그 어느 노래보다도 우리 삶
과 인간관계의 모든 긍정적인 면을 발견하는 기쁨을 맑고 향기롭게
부른다.

　　오늘도 너를 느낀다 작은 설레임으로
　　어둔 곳에서 너만은 변함이 없구나
　　네 숨결이 널리 내게로 들려올 것 같으니
　　진정 너의 그 향기는 날개가 있구나

　　말없이 넌 말하지 더욱 같이하는 걸
　　조금씩 날 물들이지 더욱 너를 닮도록
　　은은한 내 마음결 따라 피어오는 꿈속에
　　맑고 또 향기로움이 멀리 있진 않구나
　　맑고 또 향기로움이 멀리 있진 않구나

　김광석은 꽃들이 모두 진 후에도 스스로 향기가 되는 사람처럼 이
노래를 부른다. 유튜브YouTube 사이트에서 이 노래에 누군가 이런 댓
글을 달아놓았다. "당신은 이 세상을 아름답게 만들 수 있는 바로 그

런 분입니다You are the one who can make this world be beautiful."

성적 욕망 위에 쌓인 사랑의 켜

카뮈A. Camus가 그랬던가. "삶이란 캄캄한 어둠 속에서 끝없이 사랑
이라는 성냥불을 켜대는 것"이라고. 그렇다. 삶이 있는 곳이라면 사랑
도 있다. 그러나 '어떤 사랑'인가 묻는다면 머뭇거리게 된다. 인생관
에 따라 사랑의 관점도 달라진다. 그러나 그만큼 삶과 사랑이 엮여 있
다는 것 또한 재확인하게 된다. 우리는 살면서 사랑을 많이 노래한다.
그래서 사람들은 사랑 노래에 관심이 많다. 나아가 노래의 기원을 파
헤치려고 연구하기도 한다.

음악과 노래의 기원을 제법 그럴듯하게 과학적으로 설명한 사람은
진화론자 찰스 다윈Charles Darwin이다. 그는 『인간의 유래와 성선택』이
라는 책에서 "우리 노래의 가장 일반적인 주제는 뭐니 뭐니 해도 역시
사랑이다Love is still the commonest theme of our songs"라고 말한다. 쉽게 말
해, 인류는 사랑하기 위해 노래를 발전시켰다는 것이다. 좀 더 구체적
으로는 다른 동물들처럼 암컷과 수컷이 상대를 유혹해서 번식의 기회
를 갖기 위한 수단으로 발전시킨 것이 노래이고 음악이라는 것이다.
학술용어로 말하면 노래와 음악이 '성과 연관한 선택Selection in relation
to sex' 또는 '성선택Sexual selection'이 되기 위한 과정에서 발전해왔다고
주장하는 것이다.

"내가 떠나보낸 것도 아닌데/내가 떠나온 것도 아닌데." 자신의 의지와 상관없이 사랑은 떠난 것이다. 아니 종종 세상일은 자신의 의지에 반해서 일어난다. 이 '어쩔 수 없음'의 한계는 김광석의 다른 노래들에서도 때론 처연하게 때론 체념하듯 들려온다.

다윈의 말을 좀 더 들어보자. "번식기에는 모든 종류의 동물이 사랑의 감정뿐만 아니라 강한 질투심, 경쟁의식, 승리감의 자극을 받는다. 이 시기에 우리의 유인원 조상이 모든 음악적 선율과 리듬을 사용했다고 가정할 수 있다면 음악과 사람의 마음을 움직이는 연설에 관한 이 모든 사실을 어느 정도 이해할 수 있다. [……] 웅변의 리듬과 억양은 그전에 개발된 음악적 재능에서 나온 것이라고 보아야 한다. 그러면 우리는 음악, 춤, 노래 그리고 시가 매우 오래된 예술이라는 사실을 이해할 수 있다." 그러고는 이렇게 결론 내린다. "내 결론은 남성이든 여성이든 인류 조상의 어느 한쪽 성이 이성을 유혹하려고 음악적 운율과 리듬을 획득했다는 것이다I conclude that musical notes and rhythm were first acquired by the male or female progenitors of mankind for the sake of charming the opposite sex."

20세기 후반 진화심리학이 발전하면서 다윈의 성선택설은 더욱 각광을 받았는데, 오늘날 학자들의 주장 역시 기본적으로 다윈의 입장에 기대어 그것을 좀 더 극단적으로 밀고 가는 경향을 보일 뿐이다. 제프리 밀러Geoffrey Miller 같은 학자가 그렇다. "음악과 열정적 연설에 얽힌 수수께끼는 우리 조상들의 반쪽이 멜로디와 리듬을 이용해 다른 반쪽에게 구애를 했다고 생각하면 어느 정도 풀린다." 그는 이렇게 다윈의 입장을 재확인하면서 성선택 이론을 인간의 '마음의 진화' 전체에 적용한다. "시적 언어를 빌리면, 나는 인간의 마음은 달빛 아래서 진화했다고 믿는다."

잠시 자연과학의 영역을 산책해보았는데, 이상의 것을 또 무례하고도(다윈과 그 후학들에게) 과감하게 간단히 정리하면 노래는 원래 사랑 노래이고, 그중에서도 '작업쏭'이라는 얘기가 된다(이 말은 우리말 '작업'과 영어 'Song'을 한글 표기로 조합해서 방금 내가 만든 하이브리드 언어다. 당대의 일상 속어를 사용하면 복잡해 보이는 것을 이해하는 데에 도움이 될 때가 있기 때문이다). 다시 말해, 노래의 기원은 성적 짝짓기의 대상에 작업을 걸기 위한 진화 과정에 있다는 얘기다. 그렇다면 이런 노래에서는 이른바 '섹시 코드'가 중요해진다. 아하, 그러고 보면 섹시 코드를 활용한 '작업쏭'을 많이 부르는 오늘날 우리 보컬그룹들은 다윈의 이론에 매우 충실한 것이 된다.

그런데 노래와 음악의 기원이 성선택적 진화에 있다는 주장은 나름 논리가 있지만, 과학계에서는 지금도 논쟁 중이다. 그 이론이 지나치게 섹스로 모든 것을 설명하려는 성환원주의라는 이유도 있지만, 음악적 운율과 리듬의 기원과 그 발전은 인류의 다른 행동영역(예를 들면 공동체적 소통, 종족 간 결속과 위기관리, 종교적 이유 등)에서 유래했을 가능성도 꽤 있기 때문이다. 또한 구애의 노래 말고도 다양한 사랑 노래가 존재하는데, 이들이 어떻게 진화했는지에 대한 설명은 부족하다는 점도 논란거리다. 이건 전문 분야이니까 이쯤 해두자.

섹시 코드의 '작업쏭'은 그 기원에 대한 이론적 논쟁 외에도, 우리 문화와 연관하여 다른 생각거리를 제공한다. 문화 다양성의 문제다. 언급했듯이 모든 사랑 노래가 구애의 노래 또는 '작업쏭'은 아니며,

모든 '작업쑹'이 섹시 코드를 앞세우지는 않는다. 그렇다면 작업이 성공해서 끝을 맺은 후에는 사랑 노래를 부르지 말아야 한다는 우스갯소리까지 나올 수 있을 테니까 말이다. '작업쑹'은 사랑 노래의 한 부분이고 섹시 코드는 '작업쑹'을 표현하는 한 방식이다. 앞에서 언급한 "끝없이 사랑이라는 성냥불을 켜대는 것"이라는 카뮈의 말에서도 사랑은 섹스로서의 사랑만을 의미하지 않는다.

다학제적 연구가 제레드 다이아몬드Jared Diamond가 말했듯이 "섹스는 언제나 우리를 사로잡는 주제"이다. 하지만 그가 놓친 건 이런 거다. 우리를 진짜 통째로 사로잡는 건 섹스 그 자체이지 그것을 주제 삼아 하는 이야기(음담패설 포함)와 예술적 표현 같은 간접경험이 아니다. 성행위로서의 섹스는 그와 연관한 어떤 간접경험도 직접경험만큼 아름답고 황홀하며 즐겁지 않은 유일무이한 인간행동이다(다른 행동 분야는 그렇지 않다. 쉬운 예로 스포츠만 보아도 관람과 직접운동 중에서 전자를 더 즐길 수 있다). 이 때문에 간접경험 효과의 한계가 극단적임에도 오히려 그것을 극단적으로 과장하려는 태생적 모순을 지닌 것이다. 이런 이중적 차원의 극단적 괴리(직접경험과 간접경험 사이, 간접경험 효과의 한계와 그 효과의 과장적 표출 사이)는 사람의 심리와 여러 사회문화 현상에 잠재하는데, 이것도 엄밀한 과학적 연구와 다학제적 성찰을 필요로 하는 전문 분야이므로 이쯤 해두자.

어쨌든 다양한 사랑 노래를 부르고 즐겨야 문화 지형이 풍족해지고 그 다양성으로 문화 자체의 생명력이 건강히 유지되며 문화 향유의 기회도 당연히 넓어진다. 이런 점에서 김광석의 사랑 노래는 레퍼토리가 흥미롭다. 1989년 발표 당시 별로 주목받지 못했다는 그의 1집 앨범에도 사랑 노래가 여럿 실려 있고 '작업쏭'도 세 편쯤 실려 있다.

그는 이 노래들을 매우 다양한 표현형식으로 부른다. 1집 첫 번째 곡부터 '작업쏭'이다. 〈너에게〉는 유혹의 재미와 품위를 느끼게 하고 듣는 사람조차 사랑스러운 장난기가 발휘된 우아한 전략 안으로 끌어들이는 노래이다(흥미로운 소재이므로 연애와 사랑이 주제인 이 책의 제3장과 아름다운 세상이 주제인 제4장에서 별도로 다룬다). 1집에는 김광석이 작사·작곡한 곡이 열 곡 가운데 여섯 곡이나 되는데 그 가운데 사랑 노래가 다섯 곡이다.

'작업쏭' 〈너에게〉를 지나면, 두 번째 트랙에서 벌써 작업을 걸었다는 것을 부끄러워하고 사랑에 지친 듯 능청을 떠는 〈내 꿈〉이 나온다. 김광석은 일상생활에서도 귀여운 능청을 잘 떨었던 것 같은데, 이 노래에서도 "우리는 지쳐 지쳐 지쳐 지쳐 / 하늘을 볼 수 없이 너무도 부끄러워" 같은 말들을 심각히 들을 일은 아니다. 그가 마지막 후렴을 "라라라라라라라 / 라라라라라라라"로 끝내는 것을 들으며 안심해도 좋다.

다른 한편 이 노래가 던지는 흥미로운 화두는 자아에 대한 인식이다. 사랑은 둘이 하는 거다. 사랑에 빠졌을 때 자아는 둘의 결합에 몰입되어버린다. '나'가 '우리 둘'로 대체되는 것이다. 이건 완전히 배타적인 상황이기 때문에 타자의 시선을 전혀 의식하지 않고 의식할 수도 없다. 그런데 이런 상황에서 빠져나올 땐 뭔가 부끄러움을 느끼게 되고 자기를 돌아보게 된다. 그래서 노래한다. "나 나나나 찾고 싶어/나 나나나 가고 싶어 [……] 나 나나나 보고 싶어/나 나나나 끝이 없는/나 나나나 내 꿈들을."

세 번째 트랙 〈그대 웃음소리〉와 네 번째 곡 〈슬픈 우연〉은 사랑의 상실을 노래한다. 〈그대 웃음소리〉에서 그리움과 상실감은 응축되고 절제된 목소리에 실려 있다. 김광석은 마치 자장가를 불러주듯 노래한다. 사랑은 상대에 대한 연민이자 배려이다. 그건 떠나버린 상대에 대해서도 마찬가지다. 아무도 기억하지 않아도 나는 기억한다. 그래서 사랑은 긴 그림자로 남는다.

〈슬픈 우연〉에서 김광석의 목소리는 처연하다. 많은 사람의 가슴을 먹먹하게 한 〈거리에서〉를 들을 때의 느낌이 되돌아오는 듯하다. 김광석은 〈거리에서〉를 부를 때 시어詩語로서 각운(脚韻·end rhyme) 효과를 온 마음에 실어 표현했다. "뭐라 말하려 해도 기억하려 **해도**/허한 눈길만이 되돌아**와요**. [……] 이젠 그대 모습도 함께 나눈 시간**도**/더딘 시간 속에 잊혀져**가요**. [……] 떠나가던 그대 모습 보일 것 같아/다시 돌아보며 눈물 **흘려요**." 〈슬픈 우연〉에서도 각운에 사랑의 상실감을 깊게 실어 부른다.

긴 세월 흘러간 줄 알았**는데**
모두 다 잊은 줄 알았**는데**

이 밤 또 다가와 내 마음을 **울려요**

[……]

꿈처럼 흘러간 줄 알았**는데**

흔적 없이 잊은 줄 알았**는데**

[……]

잎새마다 이슬이 눈물처럼 **흘러요**

[……]

너와 걷던 그 길가에 꽃들은 피어

온 세상 꽃향기로 반기**는데**

잊혀진 추억은 내 마음을 **울려요**.

우리는 김광석의 사랑 노래들을 들으며 성적 욕망 위에 쌓인 사랑의 켜가 얼마나 다층위적 감성을 담고 있는지 실감하게 된다. 그래서 '작업쏭'을 포함해 사랑 노래는 다양할 수밖에 없는데, 욕망이 감성을 획일화하려 하면 사랑 노래는 어느 한 표현방식에 매이고 만다.

이제 친구와 우정에 관한 노래('동물원' 멤버들에게 보내는 편지 같은) 〈안녕 친구여〉를 건너, 다시 사랑 노래를 듣게 된다. 우리는 여섯 번째와 일곱 번째 트랙에서 아주 특별한 '작업쏭'을 만나게 되는데, 작업도 다양하게 걸어야 의미 있고 재미있고 가슴에 남고 뿌듯한 추억이 된다는 걸 즐겁게 실감할 수 있다.

〈내 마음의 문을 열어줘〉는 김광석이 매우 경쾌하게 부른 노래다.

마치 상대에게 아양 떨 듯이 한다고나 할까. 체면, 자존심, 격식, 이런 것은 이미 내동댕이친 지 오래다. 그래서 순수하다. "내 마음의 문을 열어줘!"라고 간청하지만 사실 자신은 이미 활짝 열려 있다. 겉치레를 전부 털어버리고 순수한 마음만 남았으니 그 자신은 이미 열려 있는 것이다. 그러니 아양 떨며 하는 이런 간청은 야지랑스럽다. 귀여운 전략이 아닐 수 없다. 내가 열었으니 상대도 곧 열 것이다. 이것이 열림을 행하는 지혜다. 노래는 제목처럼 '열림'의 의미에 완벽히 조응한다.

광석이 "여린 달빛 그 속이라도 날아가게"라고 노래할 땐 스필버그의 영화, 아니 우주 동화 〈이티E.T.〉의 한 장면이 연상된다. 지구 소년 엘리엇이 외계인 이티를 자전거 앞바구니에 태우고 염동력으로 공중 부양해서 산 위에 두둥실 떠 있는 보름달을 가로질러 비행하는 장면 말이다. 우주적 이방인들 사이에서도 열림은 그 무엇보다도 감동적이다. 열림의 과제는 사랑의 주제를 우주적으로 확장한다. '작업쏭'을 이처럼 부르면 의미의 지평이 얼마나 넓게 퍼져 나가는지, 즐겁고 재미있고 뿌듯하다.

〈기다려줘〉는 이해理解라는 단어 하나만 빼고는 아주 쉬운 우리말로 되어 있다. 미사여구도 없고 감성의 촉수를 건드리는 절묘한 시어詩語도 없다. 이 노래도 형식상 상대에게 간청하고 애원하며 작업을 거는 구애의 사랑 노래다.

난 아직 그대를 이해하지 못하기에
그대 마음에 이르는 그 길을 찾고 있어

그대의 슬픈 마음을 환히 비춰줄 수 있는
변하지 않을 사랑이 되는 길을 찾고 있어

어디서 찾을 수 있을까
그대 마음에 다다르는 길 찾을 수 있을까
언제나 멀리 있는 그대

기다려줘 기다려줘
내가 그대를 이해할 수 있을 때까지

그러나 뭔가 다의미적polysemic이어서 수상쩍은 노래다. 작곡가 구
자형은 김광석의 〈바람이 불어오는 곳〉이 불길한 예감이 드는 수상스
러운 노래라고 했는데, 내겐 〈기다려줘〉가 숨은 의미들을 간직한 것
같아 기분 좋은 호기심을 불러일으키는 수상쩍은 노래다. 더구나 라
이브 영상에서 김광석은 절규하며 불러야 할 것만 같은 이 노래를 환
하게 웃으며 심지어 가벼운 장난기까지 부리며 불러댄다. 의미 전달
이 천진난만하고 허심탄회해 오히려 뭔가 '소크라테스적 아이러니'가
담긴 것 아닌가 의심스럽다.

오늘날에는 아이러니의 뜻이 여러 가지로 변형되었지만, 소크라테스에게 아이러니(헬라스어로 '에이로네이아 εἰρωνεία')는 원래 '~척하기'이다. 특히 아닌 척하기, 모르는 척하기다. 소크라테스는 제자들이나 특히 아는 것 많다고 깝죽거리는 당대의 지자知者들인 소피스트와의 대화에서 '모르는 척하기' 전략으로 상대를 곤궁에 빠트렸다 건졌다 하며 점점 진실에 가까이 다가간다. 이것은 진리의 길을 찾아가는 중요한 방법론 가운데 하나다.

길…… 길을 찾아간다. 그렇다. 〈기다려줘〉는 사랑 노래이지만 동시에 구도求道의 노래인 것이다. 이 노래에는 사랑과 진리를 향한 구도의 의미가 중첩되어 있다. 그래서 다의미성에 대한 의심이 갔던 것이다. 사랑의 길 찾기와 진리에의 구도는 같은 성격을 지녔다고 딩동댕 머리를 울린다. 사랑이든 진리든 "이해하지 못하기에" 그에 이르는 길을 찾고 있다.

사랑이든 진리이든 "언제나 멀리 있는 그대"이다. 그래서 항상 "찾을 수 있을까" 의심하고 망설이며 길을 찾아 나선다. 사랑이든 진리든 구도의 목표는 "변하지 않는 사랑"이고 '불변의 진리'이다. 이 노래를 되돌려 듣는 동안 소크라테스의 제자 플라톤의 이데아Idea가 눈앞에서 번뜩였다. 「김광석 나의 노래 CD-DVD 박스 세트」에 딸린 악보집에 이런 말이 적혀 있다. "그의 음악은 팬을 열광시키거나 마취시키는 법을 몰랐다. **다만 생각에 잠기게 했을 뿐이었다.**"

1집 음반에는 이어서 김광석이 작사·작곡한 또 하나의 사랑 노래

〈창〉이 실려 있고, 아홉 번째 트랙에 '나'에 대한 성찰을 담은 〈그건 너의 자신을 사랑하지 않는 때문이야〉, 그리고 마지막 트랙에 '우리'에 대한 성찰을 담은 〈아스팔트 열기 속에서〉가 실려 있다. 1집은 발매 당시에도 그랬고 지금도 좀 그렇듯이 다른 음반들에 비해 상대적으로 덜 주목을 받지만, 첫 트랙에서 마지막 트랙까지 쭉 이어서 들으면 사랑과 우정 그리고 나 자신, 곧 인간관계에 대한 별미를 느낄 수 있다.

김광석의 사랑 노래는 2집과 3집에서도 다양하게 이어지는데, 특히 2집 첫 곡은 그의 대표곡이 된 〈사랑했지만〉(대표곡이니만큼 감상성과 낭만성을 다루는 제4장에서 별도로 다룬다)이다. 이어서 3, 4, 5번 트랙에는 각자 특색 있는 구애의 노래가 실려 있다. 〈사랑이라는 이유로〉, 〈마음의 이야기〉, 〈너 하나뿐임을〉이 그들인데, 이들 노래를 들으며 그가 구애와 사랑의 노래를 무지개처럼 다양한 음색으로 곱고도 서럽게, 서러우면서도 밝게, 밝으면서도 애처롭게 부른다는 걸 실감한다.

모든 노래가 끝난 후에도 스스로 노래가 되는 사람, 김광석. 그에 대해 앞서 말한 악보집에 누군가 이런 평을 남겼다. "김광석의 노래들에는 무시할 수 없는 결이 있다. 그 결은 살결이나 비단결처럼 눈에 확 띄는 것이기보다는 물결이나 바람결처럼 은근한 멋을 지닌 쪽에 가깝다." 어찌 사랑을 노래하지 않을 수 있겠냐마는…… 살결이 아니라 바람결이라, 섹스에 대한 사랑의 메타포도 이런 것 아닐까.

몸과 얼이 목을 통해 전달하는 소리, 그 소리에는 자기 삶의 진한 경험과 고뇌의 미세하고 굵은 결들이 새겨져 있다. 그 소리는 자신의 삶과 괴리됨 없이 일치한다. 그러므로 그의 노래를 듣는 타인들의 삶과도 즉각 감동적으로 연결될 수 있는 것이다. '나의 노래'는 '너의 노래'가 되고 '우리의 노래'가 된다.

인생은 짧고 만남은 길다

인생은 짧지만 만남은 길다. 물리적 시간이 짧은 만남이라도 그 만남이 갖는 의미의 시간에는 백 년, 아니 천 년이라도 응축될 수 있다. 사람을 만난다는 것, 그건 너와 나 사이에 먼 별이 뜨는 것이다. 우리 사이에서 제피로스가 노래하고 오로라가 춤추는 것이다.

노래 속의 김광석이 일면 사람들을 힘겨워하는 것처럼 비친 때도 있었다. 라이브 공연에서 노래 사이사이에 하는 이야기에서도 왠지 사람들을 버거워하는 것처럼 느껴지기도 한다. "그래 그 무료하게 보냈던 시간이며 사람들 사이에서, 이렇게 많은 사람들 사이에 있으면서도 괜히 뜬금없이 찾아오는 외로움, 고독감……, 막상 뭐 친한 친구를 만나도 익숙한 탓이었는지 별반 뭐, 색다른 것도 없고……, 금방 싫증나게 되고……, 뭐 그런 경험들이 생각이 나더라구요. 그래서 노래로 만들어보았습니다. 〈나른한 오후〉라는 제목하에."

아 참 하늘이 곱다 싶어 나선 길

사람들은 그저 무감히 스쳐가고 또 다가오고

혼자 걷는 이 길이 반갑게 느껴질 무렵

혼자라는 이유로 불안해하는 난

어디 알 만한 사람 없을까 하고

만난 지 십 분도 안 돼 벌써 싫증을 느끼고

아 참 바람이 좋다 싶어 나선 길에

아 참 햇볕이 좋다 싶어 나선 길에

사람으로 외롭고 사람으로 피곤해하는 난

졸리운 오후 나른한 오후

물끄러미 서서 바라본 하늘

하지만 노래와 이야기에 비친 이런 심경은, 그가 항상 말해왔듯이 자신의 삶을 진솔하게 보여주려 했기 때문에 생긴 것일 수 있다. 앞에서도 보았듯이 그는 삶, 사랑, 사람들을 노래하기를 좋아했고 그것을 평생의 업으로 생각했다. 사람이란 누구든 "사람들 사이에서 고독"을 느낄 수 있고, "사람들이 그저 무감히 스쳐 지나가고 또 다가오는" 것처럼 보일 수 있으며, "사람으로 외롭고 사람으로 피곤해" 할 수 있다. 김광석에게 사람과의 만남은 노래 속에서가 아니라 현실에서의 만남이었다. 그것을 여실히 보여주는 것이 이제는 전설이 된 '1000회 라이브 공연'이다. 그 천 번의 만남은 "나도 거기 있었어"라고 말할 수 있는 사람들에겐 매번 삶의 의미를 확장할 수 있는 기회를 주었다. 그래서 만남은 길다. 나는 거기 있을 수 없었지만, 1000회 라이브 공연의 감동을 상상 체험할 수 있다. 인생은 짧지만 만남은 길다는 의미를 알기에.

김광석이 라이브 공연을 선호한 이유는 여럿이겠지만, 무엇보다도 자신의 인생철학과 깊이 연관되는 것 같다. 삶의 조건이라는 게 현실에서 여러 제약을 가하지만 그는 항상 자유를 소중히 여겼던 것 같다. 현대 사회에서 음악과 노래를 전달하는 방식은 너무도 다양하다. 하지만 그 가운데서도 사람들에게 가장 '자유롭게' 전달하는 방식이 라이브 공연이다. 라이브 공연에서는 다양한 자유가 보장된다. 김광석이 즐겼듯 노래 부르는 사이사이에 노래에 얽힌 이야기, 인생 이야기를 자유롭게 할 수도 있다. 또한 앙코르 곡은 라이브 공연에서만 가능한 것이다. 실제로 김광석은 능청스럽게 앙코르를 받곤 했다. 그것 또한 사람들과 자연스레 어울리는 방법이었다.

음반이든 뮤직비디오든 TV든 이 모든 것은 기계 시스템이다. 인간이 기계 시스템 안에 들어가서 소통하는 것이다. 기계 시스템에는 엄밀한 작동규칙이 있다. 누구든 그것에 맞추어야 한다. 기계 시스템은 많은 사람과 쉽게 접속해서 노래를 전달할 수 있지만 규칙에 맞추어야 한다는 한계가 사람의 자유를 제약한다.

김광석이 라이브 중에서도 소극장 공연을 많이 한 것은 단순히 섭외의 문제 때문이 아니라 전달의 직접성을 좋아했기 때문이었을 터이다. 언젠가 그가 유머러스하게 말했듯 소극장에서는 스테이지라는 게 의미가 없을 정도로 가수와 청중 사이가 가까웠다. 심지어 노래할 때 청중에게 침이 튀는 것을 감수하기도 했다. 그러나 그 '얼굴 맞대기'의 직접성이 바로 '살아 있는' 라이브 공연의 진미 아니겠는가. 김광석은 그 맛을 너무도 잘 알고 있었다. 얼굴 맞대고, 눈을 맞추고, 소리로 호응하고, 사람 냄새 풀풀 나는 곳에서 공감의 폭은 사뭇 다를 수밖에 없다.

김광석 공연 때마다 사진을 찍어 소중한 자료로 남긴 작가 임종진의 말은 이에 대한 또 다른 증언이다. "그런데 왜 하필 광석이 형이었을까요. 소리 좋은 수많은 가수들 중에서 왜 유독 그의 음성이 이토록 오래도록 남아 울리는 걸까요. 사람 안에 머물러 행복을 소망하던 그의 노래들은 처음부터 한 곡 한 곡 내 안에 머물러 앉았고, 너끈히 가슴에 스며들었습니다. 아마도 이게 답인 듯싶습니다. 사람 안에 있어 행복하다는 것."

김광석은 이제 우리나라 모던포크의 전설이 되었다. 포크folk란 말, 그에게 참 잘 어울린다. 그게 '사람들'이란 뜻 아닌가. 우연 같지만 기실 필연이리라. 김광석은 사람들과 함께 있어서 좋은 사람이었다. 또한 김광석은 함께 있어서 좋은 사람이었다.

박찬욱 감독의 〈공동경비구역 JSA〉의 한 장면이 떠오른다. "부모님께 큰절하고 대문 밖을 나설 때 가슴속엔 무엇인가 아쉬움이 남지만~." 카세트 레코더에서 김광석이 부르는 〈이등병의 편지〉가 흘러나오고 노래를 듣던 극중의 오경필 중사가 배우 송강호의 인정미 가득한 목소리로 말한다. "근데 광석인 왜 그렇게 일찍 죽었다니? 야, 야! 우리 광석이를 위해 딱 한 잔만 하자우." 맞장구를 치지 않을 수 없다. "광석이는 왜 그렇게 좋아하던 사람들 곁을 일찍 떠났을까? 오늘 소주 두 잔이라도 해야겠다." 그리고 하늘나라로 가는 우편배달부가 있다면 그에게 노랫말 적은 "편지 한 장, 고이 접어" 보내고 싶다.

편지의 생명,
그 생명
다하도록

Chapter 2

Handwritten Letter

편지란 그런 거다. 운명을 부르기도 한다. 운명 같은 그들의 이야기는 클라이맥스를 향해 간다. 그러고는 "열차 시간 다가올 때"의 운명처럼 비극적 파국에 이른다.

"말 없이 건네주고 달아난 차가운 손, 가슴속 울려주는 눈물 젖은 편지." 1970년대 통기타 음악과 함께 학창시절을 보낸 사람들에겐 잊히지 않는 가사다. 손으로 또박또박 쓴 편지가 중요한 소통의 수단이었던 때를 살던 사람들에게 어니언스의 〈편지〉는 단순히 추억의 노래가 아니다. 지금도 '가슴속 울려주는' 노래다. 편지와 함께 우체국이 일상의 장소였던 세대라면 청마 유치환의 시구 또한 상기하리라. "오늘도 나는 / 에메랄드빛 하늘이 환히 내다뵈는 / 우체국 창문 앞에 와서 너에게 편지를 쓴다."

시인이든 가객이든 즐겨 '편지'를 노래해왔다. 세대가 바뀌고 편지가 사라져가는 시대에도 사람들은 편지를 자신의 마음을 전하는 매체의 은유와 상징으로 삼는다. 흥미로운 일이다. 오늘날 젊은 세대의 예술인들은 일상에서 '손편지', 즉 손으로 쓴 편지를 즐겨 이용하지는 않겠지만, 종종 편지 쓰기를 흉내 내며 편지를 소통의 메타포metaphor로 활용하기도 한다. 이는 "꼭 편지할게요"라든가 "눈물로 적어 내려간 편지" 또는 "내 손에 꼭 쥐어준 편지" 같은 가사들이 요즘 대중가요에서도 낯설지 않은 것을 보아 알 수 있다.

가객歌客 김광석에게도 편지는 각별한 의미와 상징성을 지녔다. 그래서 1980년대 중반에 시작해 1990년대 중반에 그친 그의 노래 인생을 편지라는 화두로 매듭지어볼 수도 있을 것 같다. 보컬그룹 '동물원'으로 데뷔한 초기의 〈흐린 가을 하늘에 편지를 써〉로 시작해, 〈이등병의 편지〉를 거쳐, 〈부치지 않은 편지〉라는 새로운 예술적 지평을 열려는 순간 김광석의 삶은 비극적으로 마감되었다.

말 없이 건네준 편지

편지가 무어길래, 일상에서 퇴출된 지 오래인데도 우리 삶에 질기게 남아 있는 걸까? 편지의 의미를 되새겨보려면 인류 문명사를 다시금 뒤져봐야 한다는 생각이 들었다. 편지는 본질적으로 인간의 '글쓰기' 행위와 연관되기 때문이다. 편지는 예로부터 '소식을 전한다'라는, 겉으로 드러나는 일상적 기능 못지않게 '쓰기' 행위가 우리 의식에 깊이 침투시킨 특별한 의미를 가진 매체였다.

이는 서구어에서 편지를 뜻하는 단어가 '문자'라는 단어와 같이 쓰이는 것을 보면 더욱 분명해지는데, 한 예로 영어의 레터letter를 들 수 있다. 이는 편지 하면 떠오르는 또 다른 단어인 메일mail과 전혀 다른 것이다. 즉 편지letter는 우편mail이 아니다. 편지의 본질은 '쓰는' 것이지만 우편의 본질은 '보내는' 것이기 때문이다.

이런 점에서 우리 시대의 전자우편 또는 이메일email은 문자로 쓰인 내용을 담고 있다고는 해도 '보내는' 기능에 더 방점이 찍힌다. 어떻게 그 내용을 수신자(들)에게 신속하고 정확하게 보낼까 하는 것에 대한 솔루션solution으로서 이메일을 인식하게 된다는 말이다. 그래서 이메일은 전형적인 정보통신기술information and communication technology인 것이다.

한편 '쓰기'는 말을 기술화technologizing of the word하는 작업이다. 문명사적으로 이 작업은 우리의 의식 변화에서 특별한 의미를 지닌다. 구술성orality과 문자성literacy의 관계를 천착한 월터 옹Walter J. Ong은 '쓰기'는 의식을 재구조화하며, 인류 문명사에서 그 "어떠한 발명보다도 더욱 강하게 인간의 의식을 변형시켜왔다"라고 주장한다. 왜냐하면 쓰기는 말하기에 단순히 따라오는 것이 아니라 "말하기를 구술−청각의 세계에서 새로운 감각의 세계, 즉 시각의 세계로 이동시킴으로써, 말하기와 사고를 함께 변화시키기 때문이다". 그러므로 "쓰기는 악기에 의한 음악 연주보다 훨씬 깊이 내면화된 기술"이라고 한다.

편지는 고대로부터 쓰기와 읽기, 즉 문자성의 보존과 발전에 기여해왔으며, 인간 의식을 고도로 내면화하는 문자문화의 본질적 특성을 일상에서 경험할 수 있게 해주는 매체이다. 즉 전문 작가가 아니더라도 편지를 쓰는 순간만큼 우리는 의식의 한층 심화된 내면화와 함께 심화된 개방화를 경험하게 된다. 월터 옹의 말대로 "쓰기는 분할과 소외를 끌어들인다. 그와 더불어 한층 고차원적인 통일도 끌어들인다". 쓰기는 자신의 의식을 강화함으로써 오히려 사람들 사이의 의식적 상호작용을 한층 더 북돋는다. "쓰기는 의식을 끌어올린다." 자신의 의식뿐만 아니라 상대의 의식도 끌어올린다. 편지 쓰기에서는 소통의 상대가 정해져 있으므로 이런 의식의 상호작용이 더욱 분명해지는데, 이것이 일상적 삶에서 특별한 효과를 낸다.

쓰기가 의식을 향상시키면 사람은 진지해진다. 보통 사람들에게도 쓰기 문화의 일상적 활용을 가능하게 한 편지, 그 편지의 미덕은 바로 사람을 진지하게 만든다는 데 있다. 그래서 사람들은 부박한 삶에도 편지의 의미를 끌어들여 진지한 삶의 순간을 회복하려 한다. 이는 이미 언급했듯 현대 대중음악의 노랫말에 편지의 은유와 상징이 넓게 활용되는 것을 봐도 알 수 있다. "가을엔 편지를 하겠어요. 모든 것을 헤매인 마음 보내드려요"라는 가사의 진정성은 어떤 마음의 저울도 기울게 하지 않겠는가.

그러나 **진지하다는 것**이 진실을 보장해주지는 않는다. 다만 진실을 사유하게 하고 진실을 통해 고통과 방황을 경험하게 하며, 내 의식의 진실과 상대(내 편지를 읽을 독자로서)의 진실 사이를 변증법적으로 관계 맺게 할 수 있다. 이런 의미에서 편지 쓰기는 자의식을 고양高揚하는 길이자 타자의 의식과 개방적 소통을 할 수 있는 길이다.

월터 옹이 말했듯 쓰기는 본질적으로 고립되고 고독한 상황에서 이루어지는 "유아론唯我論적인 작업"이다. 말을 할 때는 나의 상대화자 역시 말하는 사람이다. 그러나 글을 쓸 때 나의 상대화자는 나 자신이고 나의 정신이며 나의 마음이다. 또한ㅡ전혀 부수적이지 않은ㅡ글쓰기 도구들이다. 도구는 시대에 따라 다르지만 대표적으로 말하면 종이와 펜이다. 글을 쓸 때 나는 일면 나 자신과 소통하고 정신적 씨름을 하면서, 일면 사물들과 문화적 씨름을 해야 한다. 그래서 쓰기는 실제 대화상대나 청중을 향해 말을 거는 것보다 훨씬 고통스러운 일이 된다. 그러므로 전문 작가일 경우에는 "부재하는, 그리고 때로는 미지의 상태에 있는 독자가 맡는 구실을 꾸며내지 않으면 안 된다".

이는 편지 쓰기에서도 예외가 아니어서, 옹도 말했듯 "친구에게 편지를 쓸 때조차 나는, 그가 그러한 기분일 것이라고 생각되는 기분을 그를 위해서 허구로 만들어야 한다". 독자로서 내 친구 또한 작자로서 나를 허구로 마련할 수밖에 없게 된다. "친구가 내 편지를 읽을 때 나는 편지를 쓸 때와는 다른 정신 상태에 있을 것이기 때문"이다.

이런 입장을 좀 더 밀고 나가면, 바로 여기에서 내 의식과 상대의 의식 사이에, 진실을 찾기 위한(어쩌면 진실이라는 화두를 통해 상대를 이해하기 위한) 변증법적 관계 맺기 작업이 이루어지는 것이며, 편지는 그 작업의 매체가 된다. 이런 의미에서 편지글은 진실이기도 하고 아니기도 하지만, 무엇보다도 진실을 표현하고자 하는, 진실을 알아가고자 하는 인간 노력의 산물이다. 이런 점에서 음악계에서 '편지' 하면 뭐니 뭐니 해도 먼저 떠오르는 노래인 어니언스의 〈편지〉는 편지의 심층을 이루는 다양한 의미의 켜들을 잘 보여준다.

> 말 없이 건네주고 달아난 차가운 손
> 가슴속 울려주는 눈물 젖은 편지
> 하얀 종이 위에 곱게 써내려간
> 너의 진실 알아내곤 난 그만 울어버렸네
> 멍 뚫린 내 가슴에 서러움이 물 흐르면
> 떠나버린 너에게
> 사랑 노래 보낸다

여기서 우리는 편지가 메일과 동일시될 수 없음을 다시금 확인할 수 있다. 부치지 않고 건네주기 때문이다. 이메일을 건네주고 달아날 순 없다. 또한 편지는 도저히 말할 수 없을 때에 쓴다. 그래서 "말없이 건네주고" 갈 수밖에 없다. 철학자 장 그르니에Jean Grenier는 제자 알베르 카뮈와 오랫동안 수백 통의 편지를 주고받는데, 그 역시 제자에게조차 "나는 무엇보다도 편지로 쓰는 게 더 낫다는 생각이오. 우리는 서로 입 밖에 내어 말할 줄을 모르니 말이오"라고 고백한 바 있다. "하얀 종이 위에／곱게 써내려간" 편지에는 쓰는 사람의 진지함이 그대로 배어 있다. 그래서 "너의 진실"을 알아내고, 그 불완전하지만 진지한 진실은 내 가슴을 흐르며 너와 영원히 시적詩的 소통을 할 수 있는 새로운 모티프motif가 된다.

너에게 편지를 쓴다

편지는 개인사와 관련이 깊다. 대표적인 것이 연애편지다. 안도현은 〈연애편지〉라는 시에서 "스무 살 안팎에는 누구나 한 번쯤 연애편지를 썼었지"라며 너무나 '평범한' 시구로 너무도 당연한 동감을 얻어낸다. 김광석에게도 편지는 개인사와 연관이 있다. 사랑, 연모, 후회, 다시 만날 약속, 그리고 무엇보다도 "못다 한 말"들을 담을 수 있는 것이 편지다. 그는 자신이 작사·작곡한 〈바람이 불어오는 곳〉에서 "그대의 머릿결 같은 나무 아래로／덜컹이는 기차에 기대어 너에게 편지를 쓴다"라고 노래한다.

이는 유치환 시인의 시구를 연상시킨다. "오늘도 나는 에메랄드빛 하늘이 환히 내다뵈는／우체국 창문 앞에 서서 너에게 편지를 쓴다." 여기서 시인은 사랑과 행복에 대해 이야기하고 있다. "사랑하는 것은／사랑받느니보다 행복하나니라／오늘도 나는 너에게 편지를 쓰나니." 유치환이 시조 시인 이영도에게 연모의 서간을 수천 통 보낸 것은 유명하다. 시인의 사랑이 어쩌나 깊은지 그 편지글에서 독자는, 청마 서간문집의 편집자도 말했듯, "한 여성을 향한 한 남성의 진솔한 사랑" 이외의 것을 느끼기 불가능할 정도다.

그러나 김광석은 연모의 정을 담은 말들로 편지를 쓰더라도 그 노랫말에서는 모호성의 유희를 펼친다. 그는 "바람이 불어오는 곳 그곳으로" 가지만 그 길은 "꿈에 보았던 길"이다. 의식의 흐름은 꿈길을 따라가는 듯하다. 그리고 그 길에서는 많은 것이 의미의 전복顚覆을 시도하고 있다.

"설레임과 두려움으로 불안한 행복"이고 "힘겨운 날들도 있지만" 길을 가는 사람은 "새로운 꿈을 위해 바람이 불어오는 곳"으로 가고 있다. 덜컹이는 기차를 타고 가던 그는 이제 "출렁이는 파도에 흔들리며" 배를 타고 간다. 그러면서 새로운 꿈을 찾아가듯 새로운 수평선을 응시한다. 그러다가 노래는 마지막 절에서 결정적 반전을 펼친다. "휘파람 불며 걷다가 너를 생각"하지만 "너의 목소리가 그리워도 뒤돌아볼 수는" 없다고 하며 바람처럼 표표히 바람이 불어오는 곳으로, 가던 길을 계속 간다.

『김광석 평전』의 작가 이윤옥에 따르면, 이 노래는 "MBC의 〈배낭 메고 세계로〉라는 프로그램의 로고송으로 만들어진 자작곡"이라고 한다. 그래서 "여행자의 설렘을 밝고 경쾌한 멜로디로 그려내고 있다"라고 한다. 그런데 김광석이 한국 모던포크의 살아 있는 전설로 성장하는 과정을 지켜보았던 작곡가 구자형은 〈바람이 불어오는 곳〉을 맑고 투명해서 유난히 사랑스럽지만, 또한 "유난히 수상스러운 노래"라고도 했다. 그렇게 말할 만하다. 김광석은 "너에게 편지를 쓴다"라는 노랫말에 이어 실제로 편지를 쓰고 있기 때문이다. 마치 유치환의 시가 "너에게 편지를 쓴다"라는 시구 이후 실제 편지글로 되어 있는 것처럼. 하지만 전적으로 애모의 정을 전하는 유치환과 달리 김광석의 편지에 담긴 말들은 감춰진 의미의 발견을 요구한다.

그것은 "바람이 불어오는 곳"을 향해 가며 남기는 편지다. 그는 말로는 전할 수 없는 고양된 의식의 편린片鱗들을 편지로 남기고 있다. 이는 그 자신의 "못다 한 말"이다. 그것은 "너"에 대한 애모의 정과 함께 새로운 꿈과 새로운 세상의 가능성을 보여주는 수평선을 향한 그 자신의 방랑의 욕구와 방황의 희열에 대한 진솔한 고백이다. 너에게 편지를 쓰고 있지만 너를 위한 편지만은 아닌 것이다. 그래서 삶의 모순적 내용이 모호한 노랫말의 유희 속에 담긴 것이다. 김광석이 〈바람이 불어오는 곳〉을 노래할 때, 그의 목소리는 서정적이며 맑고 경쾌하기까지 하면서도 감췄던 말을 꺼내려는 자의 차분함을 지니고자 노력하는 모순을 담고 있다. 노랫소리는 맑고 투명하지만 노래의 의미는 베일의 유희를 펼친다.

편지를 써

〈바람이 불어오는 곳〉에서 편지의 은유는 모호하게 반투명하지만, 그가 보컬리더로 활동했던 '동물원' 제2집 음반에 실린 〈흐린 가을 하늘에 편지를 써〉에서 편지의 상징은 도도하다. 그 상징성이 잘 드러나는 것은 노래가 희망과 꿈의 메시지를 전하기 때문만은 아니다. 김

창기가 작사 작곡한 이 노래의 절묘한 가사 배치와 그것을 해석하는
김광석의 창법 때문이다.

비가 내리면 음~
나를 둘러싸는 시간의 숨결이 떨쳐질까
비가 내리면 음~
내가 간직하는 서글픈 상념이 잊혀질까

난 책을 접어놓으며 창문을 열어
흐린 가을 하늘에 편지를 써
잊혀져간 꿈들을 다시 만나고파
흐린 가을 하늘에 편지를 써

바람이 불면 음~
나를 유혹하는 안일한 만족이 떨쳐질까
바람이 불면 음~
내가 알고 있는 허위의 길들이 잊혀질까

난 책을 접어놓으며 창문을 열어
흐린 가을 하늘에 편지를 써
잊혀져간 꿈들을 다시 만나고파

흐린 가을 하늘에 편지를 써

가사에 문장부호는 없지만 김광석은 첫째와 셋째 소절을 물음표가 붙은 것처럼, 둘째와 넷째 소절을 느낌표가 붙은 것처럼 부른다. 그러니까 이 노래는 물음표와 느낌표가 번갈아 배치된 것과 같다.

"떨쳐질까"와 "잊혀질까"는 분명히 조심스러운, 아니 어쩌면 겸손한 의혹의 표현이다. "창문을 열어 흐린 가을 하늘에 편지를 써"는 자신의 행동을 묘사하는 말이다. 그러나 김광석의 창법은 이것을 이중적으로 표현한다. 즉 자신이 편지를 쓰면서 동시에 편지를 쓰라고 청하고 명령한다. 일종의 '청유형 명령법'인 것이다. 구자형은 "영국에 비틀즈가 있다면 한국엔 '동물원'이 있다. 비틀즈에게 〈Hey Jude〉가 있다면 동물원에게는 〈흐린 가을 하늘에 편지를 써〉가 있다. 그만큼 대곡이다. 이 노래는 김광석의 절창 중의 절창이다"라고 극찬한다.

특히 노래의 둘째와 넷째 소절이자 여러 번 반복되는 후렴에서, 그 가운데서도 '편지를 써'를 부를 때, 김광석은 마치 가사의 혈맥을 짚어가며 그 맥의 기운을 소리로 감아올리는 창법으로 노래한다. 노래는 저 먼 하늘에 가 닿는다. 그것은 간절히 '함께'하고자 하는 청유가 명령이 될 정도로 마음속 염원을 담고 있다. 소망의 편지는 향상된 의식의 집합으로 써야 답신을 받을 수 있다. 그렇게 하늘에 편지를 쓰면 하늘의 별들이 보내는 답신들이 유성처럼 우리에게 떨어질 것만 같다.

우리 '인생 이등병'들은 듣고 또 듣는 광석의 외침을 잊을 수가 없다. "이제 다시 시작이다. 젊은 날의 생이여." 사실 모든 시작은 젊은 날의 생처럼 시작해야 한다. 그렇지 않다면 시작의 의미가 있겠는가. 의지가 생동하지 않는다면 그 정체성을 상실하는 것이리라. 생동하는 의지라면 이등병의 처지를 부끄러워하는 헛된 자존심도 없으리라.

'인생 이등병'의 편지

김광석은 '동물원' 제2집이 나온 후 가수로서 홀로서기를 하는데, 그 독립의 초기에 부른 노래가 〈이등병의 편지〉이다. 그 이전에 다른 가수들이 부른 노래이지만, 자신의 개인사(군 복무 중 사고로 사망한 형의 이야기)와 연관이 있어서인지 김광석의 곡 해석은 이 노래를 이 나라 모든 젊은이의 애창곡으로 만들 정도로 큰 공감을 얻었다. 나아가 그들과 함께 이 땅에서 삶을 영위하는 모든 사람이 함께 듣고 부를 수 있는 노래로 만들었다. 구자형도 직감한다. "이 노래가 아프게 들려오는 것은 비단 남자에게만은 아닐 것이다. 기타 소리는 천천히 굴러가기 시작하는 기차 바퀴 소리 같고 김광석의 노래는 증기기관차의 연기 같다. 공중으로 아스라이 사라져가고야 마는."

이는 특별한 시대 상황과 개인적 처지에서 느끼는 그것이 오히려 우리 삶에서 보편적 의식을 일깨우는 것임을 일러주고 있다. 아니 그것을 통해 우리가 삶의 진실을 엿볼 수 있음을 깨닫게 하고 있다. 〈이등병의 편지〉는 우리나라에서 설사 징병제가 없어지더라도 계속 불릴 수 있는 인간 삶의 보편적 고뇌와 그것을 극복하기 위한 다짐에 관한 노래다. 김광석도 그런 의미로 열창하곤 했다. 앞서 제1장에서도 말했듯이, 우리 모두는 '인생 이등병'이기 때문이다.

삶의 고비마다 우리는 이등병 계급장을 단다. 경험 많은 '일상생활의 병장'도, 성공의 정점에 이른 '인생 대장'도 강등의 고비가 오면 이등병으로 다시 시작해야 한다. 때론 혈혈단신 다시 시작해야 한다. 이등병 계급이 옆으로 누운 작대기 하나인 것처럼 홀로 벌떡 일어나 다시 시작해야 할 때가 있다.

노래와 삶이 괴리됨 없이 살았던 김광석에겐 노래의 의미가 일상에 오버랩되곤 했다. 그에게도 삶의 고비마다 노래의 의미가 힘이 되어 주곤 했다. 그가 유고집에 남긴 말이다. "지난 하루의 반성과 내일을 기약하며 쓰는 일기처럼, 되돌아보고 다시 일어나 가야 할 길을 미련 없이 가고 싶었습니다. 세수를 하다 말고 문득 바라본 거울 속의 내가 낯설어지는 아침, 부르고 또 불러도 아쉬운 노래들을 다시 불러봅니다. 이제 다시 시작이다, 젊은 날의 꿈이여." 또한 콘서트에서 〈이등병의 편지〉를 부르기 전에 "큰형님 돌아가신 후로 김치 맛이 변할 정도로 맘 상하신 어머님께 이 노래를 드리고 싶습니다"라고 말하곤 했다. 사랑하는 아들을 잃은 어머니에게 이보다 더 큰 인생의 고비가 있을까?

박찬욱 감독은 영화 〈공동경비구역 JSA〉에 이 노래와 함께 〈부치지 않은 편지〉를 테마곡으로 삽입했는데, 노래가 전하는 의미에 대해서도 숙고했겠지만 '편지'의 역할과 의미에 대해서도 각별한 생각이 있었던 것 같다. 남한군 병사 두 명과 북한군 병사 두 명이 어우러져 우정을 나누게 되는 계기에 편지가 있기 때문이다. 물론 남한군의 이수혁 병장(이병헌 분)이 발목지뢰를 밟고 있을 때, 북한군 오경필 중사(송강호 분)가 구해주었던 것이 이야기의 시작이다. 그러나 이수혁이 근무초소에 복귀한 후 편지를 써서 돌팔매에 달아 북한군 초소로 던지면서 그들의 관계는 결정적으로 구체화한다.

이수혁은 북한군 초소에 보낼 편지를 연애편지 쓰듯 정성껏 쓴다. 자기 여동생을 수혁에게 소개해준 적이 있는 남성식 일병(김태우 분)은, 편지쓰기에 몰입한 수혁에게 묻는다. "수정이한테 편지 쓰십니까?" "으응~" 수혁은 뭔가 소중한 비밀을 들킨 듯 대답한다.

초소와 초소 사이에서 돌팔매에 달려 초승달과 그믐달을 가로질러 가는 편지. 그렇게 편지가 오가다가, 어느 날 이수혁이 불쑥 북한군 초소에 나타난다. 놀라는 오경필. 그러나 이것도 편지의 장난 때문이다. "중사 동지가 편지 쓰길래, 저도 장난삼아……." 북한군 초소의 정우진 전사(신하균 분)가 남쪽으로 날린 편지에 이쪽으로 한번 와보라고 써 보냈던 것이다. 이에 수혁이 행동으로 답했고! 모든 장난은 진실의 편린을 담고 있다고 하던가. 우진은 편지로 아주 진지하게 장난을 친 것이다. 이제 이야기는 성큼 운명의 장난 속으로 뛰어든다.

편지란 그런 거다. 운명을 부르기도 한다. 운명 같은 그들의 이야기는 클라이맥스를 향해 간다. 그러고는 "열차 시간 다가올 때"의 운명처럼 비극적 파국에 이른다. 남북 간의 군사적 긴장이 고조됨에 따라 네 사람은 마지막이 될지 모르는 조촐한 만찬을 나눈다. 〈이등병의 편지〉를 들으며 술을 한잔한다. 오경필은 그 특유의 후덕함이 걸지게 밴 목소리로 말한다. "거저, 부모님께 편지나 한 통씩 쓰라구. 수정이한테도 쓰구." 김광석의 노래는 담배연기처럼 퍼져간다. "부모님께 큰절하고 대문 밖을 나설 때~", 경필은 감정을 추스르지 못한다. "아, 오마니 생각나누만!" 광석의 노래는 점점 더 애잔해진다. "가슴속에 무엇인가 아쉬움이 남지만~." 이제 네 사람은 죽은 광석이를 위해서라도 한 잔 더 하지 않을 수 없다.

그러나 운명은 오순도순 행복한 삶의 순간에 심술을 부린다. "열차 시간 다가올 때"가 오고야 만 것이다. 이 노랫마디는 북측 순찰 간부가 초소에 들른 순간과 안타깝게 오버랩된다. 돌연 우정의 만찬은 파장되고 짧았던 행복도 파국을 맞는다. 이제 네 사람은 서로에게 총을 겨누어야 한다. 네 사람은 새로운 시작을 했을 수도 있었다. 수혁이 진담 반 농담 반으로 경필과 우진에게 남쪽으로 와서 함께 살자고 제안했을 때, "이제 다시 시작이다"라며 새 출발을 했을 수도 있었다. 하지만 우리는 운명이 섞어놓은 카드패를 볼 수가 없다. 다만 그 카드를 갖고 놀이를 할 뿐.

그럼에도 우리 '인생 이등병'들은 듣고 또 듣는 광석의 외침을 잊을 수가 없다. "이제 다시 시작이다. 젊은 날의 생이여." 사실 모든 시작은 젊은 날의 생처럼 시작해야 한다. 그렇지 않다면 시작의 의미가 있겠는가. 의지가 생동하지 않는다면 그 정체성을 상실하는 것이리라. 생동하는 의지라면 이등병의 처지를 부끄러워하는 헛된 자존심도 없으리라. 편지 쓰듯 인간관계를 진솔하고 소박하게 부탁하며 맺어가는 데 문제가 없으리라. 김광석도 편지에 관해 소박하게 부탁한다. "친구들아 군대 가면 편지 꼭 해다오 / 그대들과 즐거웠던 날들을 잊지 않게." 관계는 상호적이다. 답신을 약속한다. "나팔소리 고요하게 밤하늘에 퍼지면/이등병의 편지 한 장 고이 접어 보내오."

우리는 편지를 쓴다. 그러면서 다른 사람들에게 편지를 부탁하기도 한다. 우리는 간절히 편지를 쓰고 싶어한다. 그러면서 다른 사람들도 그 간절함을 공유하기 바란다. 작가 헤밍웨이E. Hemingway는 '편지 쓰기'는 그 자신을 집필이라는 노동으로부터 해방해주면서도 "뭔가를 해냈다는 느낌을 주는 아주 근사한 방법"이라고 했다. 우리는 편지를 쓴다. 우리 의식이 뭔가를 해냈다는 만족감을 갖기 위해서도 쓴다. 편지의 생명은 우리 의식의 욕구를 자양분 삼아 저 멀리 이어질 것이다. 그리고 어느 날 문명의 조류에 떠밀린 그 생명이 다하도록 우리는 또 편지를 쓸 것이다. 우리에게 의미 있는 인생이란 편지의 생명 같은 인생 아닐까?

부치지 않은 편지

가까운 미래사회를 그린 스파이크 존즈Spike Jonze 감독의 영화 〈그녀 Her〉(2014년)에는 '아름다운손편지닷컴www.BeautifulHandwrittenLetters.com' 이라는 회사가 등장한다. 이 회사에는 '편지 작가letter writer'들이 근무하며, 고객들에게 아름다운 손편지를 대필해준다. 여기서 쓴 편지는 반드시 부쳐진다. '부치지 않은 편지'란 없다. 고객이 발신자이기 때문이다. 여기서 편지를 부치는 자는 편지를 쓰지 않은 자이다. 발신자는 자신이 '쓰지 않은 편지'를 부치는 것이다. 편지의 아이러니다. 이런 아이러니를 겪으면서도 미래에 편지는 살아남겠지만 말이다.

김광석은 편지의 또 다른 아이러니를 노래한다. 〈부치지 않은 편지〉가 그것이다. 이 노래는 그가 저세상으로 떠나기 전 마지막으로 남긴 곡이다. 죽기 전날 밤에 녹음한 것이라고 한다. 전기작가 이윤옥은 "김광석은 대단한 독서가이기도 했다. 공연을 준비하는 동안이나 장거리를 이동하는 동안 늘 책을 읽었다. 시를 좋아해서 김지하는 물론이고 정호승이나 도종환의 시집을 늘 기타집에 넣고 다녔다"라고 전한다. 「부치지 않은 편지」는 1987년에 초판이 나온 정호승의 『새벽편지』라는 시집에 수록된 시다.

풀잎은 쓰러져도 하늘을 보고
꽃피기는 쉬워도 아름답긴 어려워라
시대의 새벽길 홀로 걷다가
사랑과 죽음의 자유를 만나
언 강바람 속으로 무덤도 없이
세찬 눈보라 속으로 노래도 없이
꽃잎처럼 흘러 흘러 그대 잘 가라
그대 눈물 이제 곧 강물 되리니
그대 사랑 이제 곧 노래되리니
산을 입에 물고 나는
눈물의 작은 새여

뒤돌아보지 말고 그대 잘 가라

비극적 품위를 지닌 시다. 아프도록 아름답다. 언설을 무용하게 하는 모순을 품고 있다. 시집 『새벽편지』에는 제호가 된 시를 비롯해 '편지'라는 말을 제목에 담은 시가 열두 편이나 실려 있다. 편지라는 말이 제목에는 없어도 「섭섭새에게」처럼 시로 편지를 쓰는 듯한 작품도 있다. 단순히 「편지」라는 제목의 시는 두 편인데, 그 첫째 시에서 시인은 꽃잎이 없는 꽃, 풀잎이 없는 풀, 날지 못하는 새, 그림자 없는 사람의 시를 쓰고 있다. 모두 형용모순이다. 다른 시들도 시가 궁극적으로 모순의 비밀과 진실을 담고 있다는 것을 보여주는 듯하다.

어쩌면 모든 시가 삶과 세계의 모순을 품고 있는지 모른다. 아니 모순을 감내堪耐하고 있어서 의미가 있는 것 아니겠는가. 시들은 부치지 않은 편지, 부르지 않은 노래, 전하지 않은 말, 표현하지 않은 희망, 포효하지 않은 울분, 그리고 상기하지 않는 기억의 파편들을 감내하며 의미를 전하고 있지 않은가?

모순은 고사古事에 등장하는 창矛과 방패盾의 관계처럼, 바로 그 '관계'라는 조건 때문에 어느 한쪽이 자신의 절대성을 주장하는 순간 자신의 존재의미를 상실하는 상황이다. 다만 그 불가피한 '모-순'의 상황만이 절대적일 수 있다. '모-순'은 상호배제의 구조가 아니라 공존의 구조이다. 우리 삶은 수많은 모순적 공존의 구조를 감내해야 한다. 사람은 모순적 상황으로부터 도피한다고 해서 해방되거나 자유로워질 수 없다. 그렇다고 그 모순의 구조를 파괴할 수도 없다. 모순 구조의 어느 한쪽을 선택해 다른 한쪽을 지배할 수도 없다.

'모순의 감내'는 철학자 헤겔G. W. F. Hegel에게도 진정한 과제였다. 변증법의 과정에서 자유정신이 궁극적으로 추구하는 것은 모순의 '해결'이 아니라 모순을 감내하는 '능력'이기 때문이다. 헤겔에게 모순은 절대자의 본성이다. 다시 말해 신神 또는 절대자는 모순의 구조를 내적으로 완벽하게 포용하는 존재다. 이런 의미에서 모순을 감내하기 위한 인간의 노력은 신을 모방하려는 애절한 방식일지 모른다.

삶의 한 고비에서 김광석도 모순의 어느 한쪽을 버리려 하거나 모순적 상황으로부터 도망치거나 하는 자신을 발견했는지 모른다. 그러고는 삶의 모순은 안고 가야 하는 것임을 깨달았는지 모른다. 모순을 감내하고자 노래를 불러야겠다고 다짐했는지 모른다. 김광석이 작고하기 얼마 전부터 많은 시인의 시를 노래로 부르는 방대한 작업을 계획하고 있었다는 사실은 그의 이런 인생 이정표를 보여준다.

김광석의 목소리는 모순의 감내를 표현하는 데 잘 어울리는 것 같다. 평자들은 김광석 특유의 내지르는 듯한 창법을 자주 언급한다. 그러나 외적으로 내지르는 창법의 이면에는 소리를 내적으로 응집하는 듯한 창법이 있다. 이 둘 사이는 소리의 변증관계를 이루며 서로 상승효과를 내기도 한다. 인고의 심연으로 응집되는 소리, 그 소리가 바로 김광석이 모순을 감내하는 시의 비극적 우아함을 표현하며 들려주고 싶었던 것이리라. 〈부치지 않은 편지〉에서도 소리의 응집과 발진은 김광석의 목소리는 모순의 감내를 표현하는 데 가장 잘 어울리는 것 같다. [……] 외적으로 내지르는 창법의 이면에는 소리를 내적으로 응집하는 듯한 창법이 있다. 이 둘 사이는 소리의 변증관계를 이루며 서로 상승효과를 내기도 한다. 인고의 심연으로 응집되는 소리, 그 소리가 김광석이 모순을 감내하는 시의 비극적 우아함을 표현하며 들려주고 싶었던 것이리라.

교묘하게 교차한다.

　또 한 가지 흥미로운 것은 김광석이 가창歌唱을 위해 가사를 미세하게 변형한다는 사실이다. 정호승이 "사랑과 죽음의 자유를 만나/언 강바람 속으로 무덤도 없이"라고 지은 시구를 김광석은 "사랑과 죽음이~ 자유를 만나/언 강~ 바람 속으로 무덤도 없이"라고 노래한다. 그런데 이러한 변이는 가창의 유연함만을 주는 게 아니다. 의미의 유연함 또한 가져온다. 아니 김광석이 시도한 언어의 변이가 주는 의미가 더 가슴에 와 닿는다. 그렇다고 원작의 뜻을 변형했다는 비난을 두려워할 필요는 없다. 모순 세계의 특징은 의미의 불확정성에 있기 때문이다. 모순의 세계에서는 어떤 의미도 확정되어 있지 않다. 그렇기에 또한 모순일 터, 불확정적 의미는 변이의 가능성을 이미 열어놓고 있는 것이다.

　『나니아 연대기』의 작가 루이스C. S. Lewis는 친구에게 보낸 편지에서 이런 고백을 한 적이 있다. "나는 기도를 할 때 종종 내가 어떤 존재하지 않는 주소로 아직 편지들을 부치지 않고 있구나 하고 의아해한다네."

　편지를 부치고 나면 이런 의구심은 사라지고 삶의 부조리와 모순은 모두 해소되리라. 그러면 기도의 시간도 끝나리라. 하지만 알 수 없고 해소할 수 없는 모순덩이의 세계에서 우리는 오늘도 염원의 편지를 쓰지만 부치지는 않는다. 편지의 소명을 위해서도 그리한다. 편지가 우리에게 내린 은밀하면서도 역설적인 소명이기에.

김광석은 좀 더 젊을 때 "편지를 써!"라고 천진난만하게 명령하듯 청했다. 하지만 불현듯 찾아온 삶의 끝자리에서 '부치지 않은 편지'의 모순을 가슴 가득 안고 길을 떠났다. 이제 그를 이렇게 이해하고 보내야겠다.

온 세상을 입에 물고 날던
눈물의 작은 새여,
우리 노래와 함께하나니
그대 표표히 잘 가라!

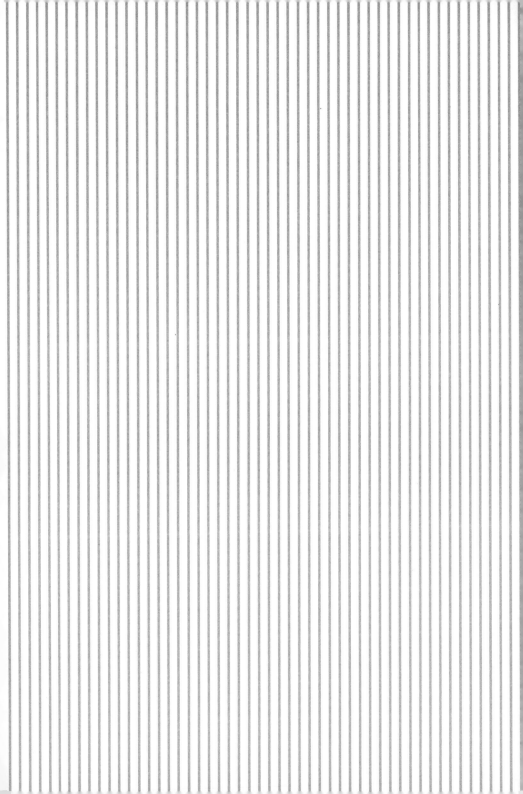

현대의
음유시인,
그리고
연애와 사랑

Chapter 3

Romantic Love and Storytelling

김광석이 라이브 공연을 즐기던 가수라는 점에서 '음유吟遊', 곧 '노래
하며 떠돌다'라는 의미는 그에 걸맞은 것 같다. 그렇다면 그의 노래와 노
랫말은 음유시인의 역사적·문학적 그리고 철학적 의미와 어떻게 연결
될 수 있을까?

김광석은 표표히 떠났지만 우리는 그의 노래와 함께하고 있다. 노래를 듣고 생각하고 이야기하고 있다. 그런데 이 글을 쓰는 동안 신해철이 세상을 떴다. 세상은 참으로 얄궂다. 며칠 동안 펜을 놓았다 다시 잡았다.

　마침 십 수년 만에 새로운 앨범을 발표한 '로커' 권인하는 요절한 1980~1990년대 '가요계 천재'들, 즉 같은 또래인 작곡가 이영훈, 가수 김현식, 그리고 뛰어난 후배들이었던 김광석, 신해철과의 인연을 추억했다. 특히 김광석에 대해서는 "이영훈이 음악에 그림을 그린다면, 김광석은 그림에 시를 더하는 스타일"이었다고 회고했다. 또한 "보컬리스트로서도 중음·저음·고음의 밸런스가 한결같은 당대 최고의 가수"라며, 이제 그가 없음을 아쉬워했다.

그러고 보면 김광석을 '노래하는 시인'이라고 불러도 좋으리라. 학
창 시절부터 김광석의 열혈 팬이었고 그의 평전을 쓴 이윤옥은 "소극
장 공연만으로 언더그라운드 가수 이상의 인기를 끌고 있는 김광석은
특이한 존재였다. 그런 그를 각종 매체에서는 '노래하는 음유시인'이
라고 평했다"라고 전한다. 또한 그 자신도 "김광석은 노랫말의 중요성
을 그 어느 가수보다 잘 이해하는 가수였다. 그가 음유시인이라는 일
컬음을 받는 이유도 여기에 있다. 그는 노래에 삶의 이야기를 담아낼
줄 알았던 진정한 음유시인"이었다고 평한다. 김광석이 라이브 공연
을 즐기던 가수라는 점에서 '음유吟遊', 곧 '노래하며 떠돌다'라는 의
미는 그에 걸맞은 것 같다. 그렇다면 그의 노래와 노랫말은 음유시인
의 역사적·문학적 그리고 철학적 의미와 어떻게 연결될 수 있을까?

음유시인과 로맨스

음유시인의 역사적 기원은 중세 유럽에 있다. 지역에 따라 트루바
두르troubadour, 트로바토레trovatore, 미네젱거Minnesanger 등으로 불렸던
이들은 무훈武勳과 기사도騎士道를 소재로 하여 서정성 짙은 연애시를
지어 부르며 유랑했던 것으로 알려져 있다. 또한 그 노랫말은 귀부인
을 향한 '이루어질 수 없는 사랑'을 은유하고, 그렇기 때문에 오히려
사랑은 순결하게 승화되며 상대 여성은 극단적으로 미화되는 내용을
담은 것으로 전해진다.

11세기 말부터 시작된 십자군전쟁으로 영주들은 원정길에 올라 영지에 부재했으므로 음유시인(이들 역시 기사이다)의 관심과 충성은 영지에 남은 귀부인을 향한다. 귀부인은 충성의 대상이자 또한 사랑의 대상인데, 이제 그녀의 '신하'가 된 '기사-시인'은 자신의 시와 노래로 귀부인을 '정신적으로' 유혹하게 된다. 이러한 '금지된 관계' 속에서 욕망은 바로 그 금지에 의해 더욱 커지고, 귀부인은 기사에게 고통을 안겨주는 존재가 되며, 오히려 기사는 그것을 기꺼이 받아들인다. 사랑하는 사람과의 결합이라는 환상은 늘 유예되어 다가설 수 없는 존재로 비치면 비칠수록 그녀가 불 지른 욕망은 더욱 커져만 가고 귀부인은 점점 더 미적으로 승화된다. 그지없이 고결하고 아름다운 대상이 된다.

문학사가들은 불가능한 사랑이라는 이런 개념이 중세 자체의 완성된 산물이라기보다는 중세를 낭만적으로 해석한 결과라고 말한다. 그래서 중세철학과 미학을 연구했던 에코U. Eco도 그 시대에 "영원히 충족되지 않는 열정과 달콤한 불행의 근원으로 이해되는" 사랑이 '발명'되었다는 데 동의한다. 그 결과 시와 소설 그리고 오페라에 이르기까지 근대예술이 그곳으로 이야기의 주거지를 옮겼다고 해석한다.

그러나 이런 해석에서 관점을 약간 돌리면 우리는 다른 것을 볼 수 있게 된다. 그 시대에 발명된 것은 사랑이 아니라 특별한 연애 방식 또는 구애 방식이기 때문이다. 서구의 언어에서 '로맨스romance'를 사랑love과 달리 특별한 뉘앙스로 쓰는 이유가 여기 있다. 그 시대에 발명된 것은 로맨스였던 것이다.

로맨스의 본질은 구애의 방식과 과정에 있다. 여기에는 역사적으로 살펴본 기사도 정신과 궁정의 에티켓 그리고 육체적 결합이 반드시 전제되지는 않는 열망 등이 섞여 들어가 있다. 그렇다면 이것도 사랑인가? 현대인들이 온갖 지식을 동원해 나름 어렵사리 정의한 "인간의 육체적 기초 위에 꽃피는 자연스러운 애정"이 사랑이라면, 로맨스는 사랑이라기보다 '사랑놀이'이다. 그것이 과정과 방식에 초점을 맞추고 있다면 더욱이 그 본질은 놀이의 성격을 갖는다.

그런데 사랑에 빠진fallen in love 사람은 놀이를 못한다(현대의 낭만주의적 해석은 이런 점에서 '놀이'의 요소를 놓치고 있다). 사랑에 빠진 사람의 행동과 태도는 거의 전쟁에 비유할 수 있다. 그래서 이런 사랑은 치열하고 배타적이다. 이와 견주어 이야기하자면, 로맨스는 잘 기획된 '전쟁놀이'라고나 할까? 로맨스는 사랑에 관한 일종의 '가상놀이'다.

음유시인의 존재는 인간의 욕망과 그 표현이 얼마나 엉뚱하고 그야말로 다양할 수 있는지를 잘 보여준다. 인간은 자신의 욕망을 이야기와 노래로 표현하고자 한다. 가상현실로서의 사랑, 즉 음유시인의 로맨스도 그런 과정에서 나온 것이다.

저 유명한 12세기의 음유시인 조프레 뤼델Jaufre Rudel의 전설과 그가 남긴 시구들에도 가상적 사랑놀이로서 로맨스가 잠재해 있다. 블라이Blaye의 성주였던 뤼델은 제2차 십자군전쟁에 참여했는데, 그가 '한 번도 본 적이 없는 머나먼 곳의 귀부인'을 열렬히 사랑하게 되었다는 전설이 곧 꽃피었다. 한 번도 본 적 없는 사랑의 대상을 찾아 떠난 여정에서 뤼델은 병에 걸렸다. 그가 숨을 거두려는 순간에 이르러서야 이 고통에 빠진 기사의 존재를 알게 된 귀부인은 죽어가는 '연인'의 침대로 달려가 그가 눈을 감기 전에 겨우 순결한 입맞춤을 해줄 수 있었다.

19세기의 낭만주의 문학가들, 특히 하이네H. Heine, 카르두치G. Carducci, 로스탕E. Rostand은 뤼델에게서 그토록 갈망했으나 이룰 수 없었던 사랑에 대한 찬미를 발견하며 그를 낭만적 신화로 만들었다. 그런데 이는 뤼델의 열정 자체보다는 이들 작가의 '열정적 사랑'에 대한 동경이 더 강했고 그것이 전해오는 이야기의 해석에 반영되었기 때문이리라.

뤼델이 남긴 시들을 읽어보면, 사랑을 향한 어떤 결연함이나 치열함보다는 사랑의 과정을 즐기는 그의 '로맨틱한 장난기' 내지는 '놀이정신'을 발견할 수 있다. "그리하여 내 노래를 시작하려 하네 / 들으면 들을수록 더 가치 있는 / 그곳에서 놀랄 만한 것은 전혀 없으리라 / 만날 수 없을 한 여인을 사랑하는 나 / 지금까지 한 번도 만난 적 없는 / 그 여인의 사랑 말고 / 내 마음을 기쁘게 해줄 사랑 / 그 어디에도 없으니 / 그 어떤 쾌락도 나를 유혹하지 못하리라 / 어떠한 행복이 나에게서 떠나갈지 알 수 없다네 [……] 노래는 부드럽고 실수 없이 끝나니 / 분명히 있어야 할 것은 틀림없이 있으니 / 이제 나에게서 노래를 배우게 되리라……."

이 지점에서 김광석의 노래가 떠오른다. 잘 알려져 있듯이 그는 사

랑 노래를 많이 불렀다. 그러나 그 노래들은 노랫말은 물론 가락과 가
창의 방식까지도 매우 다양하다. 그의 레퍼토리를 보면 사랑이라는
정원에 각양각색의 사랑꽃들을 심어놓은 것 같다. 그는 사랑의 열정
과 이별의 아픔만을 노래하지는 않았다. 그는 사랑하는 사람을 위해
사랑 노래를 부르며 항상 절규하지는 않았다. 그가 이루지 못할 사랑
을 또는 알지도 못할 사랑을 오히려 맑은 음성으로 노래하고, 때로는
그 가락 속에서 음유시인의 놀이 감각을 일깨워주듯 하는 건 지금 들
어도 바람처럼 신선하다.

> 말하지 못하는 내 사랑은
> 음~ 어디쯤 있을까
> 소리 없이 내 맘 말해볼까
> 물어보지 못한 내 사랑은
> 음~ 어디쯤 있을까
> 때론 느껴 서러워지는데
> [……]
> 가진 건 마음 하나로
> 난 한없이 서 있고
> 잠들지 않은 꿈 때문일까
> 지나치는 사람들 모두
> 바람 속에 서성이고

잠들지 않은 꿈 때문일까

비 맞은 채로 서성이는 마음의

날 불러주오 나지막이

내 노래는 허공에 퍼지고

내 노래는 끝나지만~

그는 지금 현전하는 어떤 대상을 사랑하고 있지 않다. "음~ 어디쯤 있을까"라는 후렴이 이를 잘 보여준다. 그는 지금 짝사랑에 빠져 있는 것도 아니고, 이루어질 수 없는 사랑을 실제로 경험하고 있는 것도 아니며, 당연히 상사병에 걸린 것도 아니다. 그는 가상의 대상과 사랑놀이를 하고 있는 것이다. 그래서 느긋하게 "음~" 콧노래를 부르며 "어디쯤 있을까" 하는 사랑놀이를 시작하고 있다. 즉 로맨스를 즐기고 있다.

그는 로맨스의 의미를 체화하고 있었던 것일까. 아니 에코가 말했듯 로맨틱한 감정이 인간세계에 보편적이라면 엉뚱한, 말도 안 되는, 소설 같은 연애 방식을 담고 있는 로맨스도 시대와 장소에 관계없이 많은 사람의 삶에 잠재하는 것이리라. 이런 의미에서라면 김광석은 그것을 자기 삶에서 길어내 시와 노래로 승화할 줄 알았던 현대의 음유시인이었다.

연애의 발명과 서사의 시작

음유시인들이 시도했던 것은 '연애의 방식'이다. 그들에겐 '이루어질 수 없는 사랑'도 연애의 한 방식이다. 이루어질 수 없을 뿐 아니라 하물며 '이루어지지 말아야 할 사랑'을 위해 상대를 연모했던 음유시인─기사들은 '구애의 과정' 그 자체가 목적이었다.

그러므로 특별한 구애의 과정으로서 연애의 발명은 이야기를 만들어낸다. 새로운 서사가 시작되는 것이다. 문학사적으로 보면, 음유시인들의 공헌은 사랑이 로맨스가 되게 했다는 데 있다. 즉 소설 같은 이야기로 사랑을 제시했다는 데 있다. 앤서니 기든스Anthony Giddens도 인간사회에서 일어난 친밀성의 구조 변동을 설명하면서 낭만적 사랑romantic love이 개인적 삶에 '서사의 아이디어'를 도입했으며, 스토리텔링이 로맨스의 본질적 의미였다는 점을 인정한다.

모든 이야기가 그렇듯, 이야기가 시작되려면 상황이 필요하다. 길을 착각하여 음침한 골목에 들어섰는데 그 길은 좁지만 끝이 안 보일 만치 길고 옆으로 빠지는 샛길도 없고 갑자기 내 가죽가방이 무겁게 느껴지는 것이 좀 전에 은행에서 찾은 적지 않은 현금이 들어 있다는 사실을 상기하게 되는데, 모자를 깊게 눌러 쓴 저 남자는 왜 아까부터 나와 일정한 거리를 두고 같은 방향으로 걷고 있을까? 이쯤 되면 이야기가 시작되지 않을 수 없다.

이야기에는 모든 디테일한 상황이 전제된다. 『사랑, 그 딜레마의 역사』를 쓴 볼프강 라트Wolfgang Rath는 중세의 연애 주인공들이 맞닥 모든 것이 진지해지면 힘들어진다. 그보다 더 힘들고 또한 힘이 들어가는 것은 당연히 욕망과 감정의 '폭발'이다. 모든 폭발이 그렇듯 그것은 도저히 제어할 수 없고 모든 통제에서 벗어난다. 걷잡을 수 없게 된다. 연애가 '사랑에 빠지기to fall in love'의 단계에 이르면 비극이 딴지를 걸기 시작한다.

뜨린 세세한 상황을 흥미롭게 설명한다. "트리스탄과 이졸데, 아벨라르와 엘로이즈, 랑슬로와 기네비어, 장밋빛 소설과 연가, 기사도, 중세는 사랑의 「아가서」를 노래했다. 궁정의 귀족 계급은 예의범절을 발전시켰다. 중세 중기의 기사들은 금속 세공 투구에 덮인 머리카락이 은은한 냄새를 풍기도록, 장갑 속에 감춰진 손이 부드럽도록 신경을 썼다. 멋진 갑옷을 발꿈치까지 드리우고 그 위에는 화려한 비단옷을 걸쳤다. 투구 위에서는 애인의 면사포나 사랑의 정표가 휘날렸다." 이런 기사들이 귀부인들 앞에서 마창 시합을 하거나 무도회에 참석하면 별것 아닌 에피소드가 의미심장한 장편소설이 되기도 한다.

연애가 구애의 과정에 머물 때(즉 과정 자체가 목적일 때), 이야기는 비극의 문턱에서 새롱거릴 뿐 아직 비극의 함정 속으로 미끄러져 들어오지는 않은 것이다. 앞으로 다루겠지만 이 점(비극의 함정)은 '사랑에 빠지기'의 특징이기 때문이다. 사실 음유시인 조프레 뤼델의 이야기도 역설적으로 보면 '해피엔드'를 맞은 것이다. 이루어질 수 없는 사랑을 '위한' 구애의 여정을 기획하고, 그 여정의 클라이맥스에 이르러 꿈에 그리던 여인의 입맞춤을 받고 숨졌으며, 전설에 의하면 그 귀부인은 수녀가 되었다고 한다. 결국 뤼델은 두 가지 목표를 달성한 셈이다. 사랑의 대상을 만났고 두 사람의 사랑은 그 만남으로써 완성되었다. 그래서 구애의 과정이 전설로 살아남은 것이다. 뤼델은 「먼 곳에 있는 사랑」을 노래한다.

작은 시냇물이 맑게 흐르고

숲 속의 장미가 여왕이 되고

어느새 나뭇가지 위의 꾀꼬리 온갖 소리로 지저귀며

목청을 가다듬고 아름답게 노래 부를 때

내 노래 그와 함께하는 게 당연하리

먼 곳에 있는 사랑……

김광석도 '너무 멀리 있는' 〈내 사람이여〉라고 노래한다.

내가 너의 어둠을 밝혀줄 수 있다면

빛 하나 가진 작은 별이 되어도 좋겠네

너 가는 길마다 함께 다니며

너의 길을 비추겠네

[……]

눈물이 고운 너의 눈 속에

슬픈 춤으로 흔들리겠네

[……]

너의 새벽을 날아다니며

내 가진 시를 들려주겠네

[……]

그럴 수 있다면 그럴 수 있다면

네 삶의 끝자리를 지키고 싶네

내 사람이여 내 사람이여

너무 멀리 서 있는 내 사람이여

이 노래를 부를 때 김광석의 목소리는 잔잔하게 시작해 점점 클라이맥스에 이르고 대단원에서 잦아든다. 마치 이야기를 전하는 것 같다. 이들은 모두 구애의 과정을 위한 상황을 만들고 있는 것과 같다. 곧 사랑 이야기를 만들어가기 위한 준비다. 그의 다른 노래 〈너에게〉는 구애, 즉 사랑으로 초대하는 과정이 마치 동화를 들려주는 듯하다. 이런 점에서도 그는 음유시인답다. 삶과 사랑을 이야기로 풀어낼 줄 안다는 점에서 말이다.

나의 하늘을 본 적이 있을까

조각구름과 빛나는 별들이

끝없이 펼쳐 있는 구석진 그 하늘 어디선가

내 노래는 널 부르고 있음을

넌 알고 있는지

나의 정원을 본 적이 있을까

국화와 장미 예쁜 사루비아가

끝없이 피어 있는 언제든 그 문은 열려 있고

그 향기는 널 부르고 있음을

넌 알고 있는지

나의 어릴 적 내 꿈만큼이나

아름다운 가을 하늘이랑

오호~ 네가 그것들과 손잡고

고요한 달빛으로 내게 오면

내 여린 맘으로 피워낸

나의 사랑을 너에게 꺾어줄게

이 노래는 김광석 솔로 앨범 1집의 첫 번째 트랙인데, 그의 음악세계로 사람들을 은근히 '초대'한다는 은유로 들을 수도 있어서 흥미롭다. 그는 국화와 장미 그리고 예쁜 샐비어("사루비아")가 끝없이 피어 있는 정원으로 그 누구라도 초대할 심성의 소유자가 아니었던가.

사랑의 발견과 비극의 확인

『인간의 내밀한 역사An Intimate History of Humanity』를 쓴 젤딘Theodore Zeldin은 아랍인들이 추구해온 정열적인 사랑의 형태를 논하면서, "장난으로 불붙은 서로에 대한 이끌림은 폭발로 이어졌다. 사랑에 관한 아랍 최고의 권위자였던 이븐 하즘Ibn Hasm은 '사랑의 처음은 농담이고 마지막은 올바른 진지함이다'라고 말했다"라고 전한다.

　모든 것이 진지해지면 힘들어진다. 그보다 더 힘들고 또한 힘이 들어가는 것은 당연히 욕망과 감정의 '폭발'이다. 모든 폭발이 그렇듯 그것은 도저히 제어할 수 없고 모든 통제에서 벗어난다. 걷잡을 수 없게 된다. 연애가 '사랑에 빠지기to fall in love'의 단계에 이르면 비극이 딴지를 걸기 시작한다. 비극이 비극인 이유는 걷잡을 수 없기 때문이며 어찌할 수 없기 때문이다. 우리의 의지를 전적으로 벗어나는 것이기 때문이다. 이때 사랑은 발명하는 것이 아니다. 발견할 뿐이다. 그러므로 사랑을 발견하는 순간 비극을 확인하게 된다.

　왜 사랑하느냐는 물음에 정답은 "사랑하기에 사랑합니다. 사랑하니까 사랑합니다. 그냥 사랑합니다"라고 한다. 사랑의 문제는 이유를 댈 수 없기 때문에, 설명할 수 없기 때문에, 의지의 차원에서도 비극적이지만 인식의 차원에서도 비극적이다. 사랑은 우리 인식을 빠져나간다. 생물학, 뇌과학, 정신분석학, 진화심리학 등 현대의 과학이 아무리 설명을 시도해도 사랑은 그 신비의 베일을 쉽게 벗지 않는다.

　볼프강 라트는 "해피엔드든 참혹한 결과든, 죽음이든 황홀경이든 사랑하는 사람들의 공통점은 만족이 희망을 쫓아가지 못하며 설명할 수 없는 여분이 남는 것이다"라고 말한다. 그래서 이런 '미지의 것'은 신화에서, 의례에서, 예술 작품에서 항상 '신성한 것'으로 추앙받아왔다는 것이다. 그 결과 사랑은 '이 세상 것이 아닌 것'이라는, 인식의 포기에까지 이르게 된다. 그런 것은 존재하면서도 존재하지 않는 것이기도 하다.

남녀 간의 사랑이 특별한 것은 반드시 '사랑에 빠지기'라는 단계를 거치기 때문이다. '사랑에 빠지기'는 '사랑하기to love'와는 전혀 다른 것이다. 남녀 간의 뜨거운 사랑은 사랑에 빠진 상태에 있는 것이다. 그것은 둘만의 관계이고 다른 사람이 끼어드는 것을 결코 용납하지 않는다. 사랑에 빠진 연인들은 배타적이 된다. '서로에게만' 아낌없이 주는 사이가 된다. 둘 이외의 사회관계에 대해서는 무관심하다. 그래서 그 사랑을 위해서는 가족을 떠날 수도 있고 국경을 넘을 수도 있으며 단둘이 우주로까지 방랑의 길을 떠날 각오가 되어 있다.

사랑에 빠진 사람들에게는 그들 외에 아무도 없을 뿐 아니라 사랑 외에 아무것도 없다. 그래서 라트가 말하듯 "사랑은 긴장과 활력, 투쟁을 먹고산다". 나아가 사랑하는 사람은 생사까지 걸린 것은 아닐지라도 "동등한 공존이 걸린, 또한 공동의 결합 속에서 원기를 회복하는 즐거움이 걸린 전투를 한다. 긴장과 모순, 갈등이 없으면 사랑은 불가능하며 삶은 무미건조해지고 만다. 일정 정도의 공격성은 존재의 일부다".

노래는 결국 사랑 노래라는 말이 있다. 목숨까지 건 사랑의 원조가 오르페우스와 에우리디케의 신화이고, 사랑하는 사람을 잃고 부르는 노래가 오르페우스의 노래인 것을 보면 틀린 말은 아닌 듯하다. 고대로부터 현대에 이르기까지 수많은 사람이 사랑 노래를 불렀고, 김광석도 사랑에 빠진 사람의 노래를 불렀다. 그는 유고집에 실린 미발표 노랫말 '날 사랑했다면'의 한 구절에서 "영화 속의 사랑 얘기도 힘든 순간이 있어"라고 말한다. 한 메모에서는 사랑 때문에 힘들어한다면, "가장 솔직해야 할 사랑에 대해 우리는 무엇을 기준으로 힘들어하는가?"라고 자문하기도 한다. '사랑하기 위하여'라는 노랫말에서는 "모두 다 소중히 태어나서/아름답게 살아야 할 필연을 위해/사랑해야지"라고 결연히 다짐하기도 한다.

사랑에 빠져 비극이 되는 현상의 대표적인 것이 결합을 원하는 상대가 분명히 있는, 그러나 화답받지 못하는 짝사랑이다. 김광석도 이런 사랑을 〈외사랑〉에서 노래했다.

> 내 사랑 외로운 사랑
>
> 이루어질 수 없는 사랑인가요
>
> 사랑의 노래를 불러보고 싶지만
>
> 마음 하나로는 안 되나 봐요
>
> 공장의 하얀 불빛은
>
> 오늘도 그렇게 쓸쓸했지요
>
> 밤하늘에는 작은 별 하나가
>
> 내 마음같이 울고 있네요.
>
> 눈물 고인 내 눈 속에
>
> 별 하나가 깜박이네요
>
> 눈을 감으면 흘러내릴까 봐

눈 못 감는 내 사랑…….

　그는 유고집에서 "이 노래를 부르기 전에 늘 하는 말이" 있었다고
한다. 그것은 "해서 안 될 사랑은 없다"라는 말이었다고 한다. "마음
과 마음이 만나서 이루어지는, 이쁘고 아름다운 사랑이 많았으면 좋
겠다는 생각으로 이 노래를 부르고 다녔죠"라고 고백한다. 하지만 어
느 날 낡은 책에서 "사람이 사람을 진실로 사랑한다는 것은 자아의 무
게에 맞서는 것인 동시에 외적 사회 무게에 정면으로 맞서는 것이기
도 하다"라는 구절을 읽고 나서는, "앞부분은 어떻게 스스로 견뎌나갈
수 있다고" 생각되지만 "뒷부분은 쉽게 되지 않죠. 암묵적으로 사람
들이 만든 그런 틀이 있는 것이고 틀 안에서 살던 사람들이 그 틀을 벗
어나기란 보통 힘든 게 아니죠"라며 사랑에 동반되는 복합적인 갈등
의 켜들이 주는 어려움을 토로하기도 한다.
　김광석이 음유시인처럼 '사랑놀이'를 노래할 때와 '사랑의 발견자'
로서 노래할 때는 그 톤이 분명 다르다. 이때 김광석의 노랫말은 이별
을 주로 노래하는데, 〈사랑이라는 이유로〉에서 "나의 눈물이 내 뒷모
습으로 가득 고여도/나는 너를 떠날 수 없을 것만 같아"라고 노래할
때 그는 절규하지 않지만 결코 애절함을 감추지 않는다. 〈너 하나뿐임
을〉에선 이 애절함이 "떠나지 마! 나를 사랑한다면/내 곁에 있어줘!/
사랑이여/우리가 처음 만날 때부터 느껴왔었던/알 수 없는 설레임들
을 이제는 말할 거야/너 하나뿐임을" 강조하면서 점점 더 상승한다.

그러나 무엇보다도 김광석이 비극적 차원으로서 '사랑을 발견'하면서 부른 노래는 〈너무 아픈 사랑은 사랑이 아니었음을〉이 아닐까? 류근 시인의 시에 그 자신이 직접 곡을 붙여 불렀는데, 평론가들의 말처럼 다른 곡보다 길지만 언제 들어도 애틋하고 애처로운 그 느낌은 여전히 잔잔하면서도 격정적이어서 드라마틱하다.

그대 보내고 멀리 가을 새와 작별하듯

그대 떠나보내고 돌아와 술잔 앞에 앉으면

눈물 나누나

그대 보내고 아주 지는 별빛 바라볼 때

눈에 흘러내리는 못다 한 말들 그 아픈 사랑

지울 수 있을까

어느 하루 비라도 추억처럼

흩날리는 거리에서

쓸쓸한 사람 되어 고개 숙이면

그대 목소리

너무 아픈 사랑은 사랑이 아니었음을

너무 아픈 사랑은 사랑이 아니었음을

[······]

이제 우리 다시는 사랑으로

세상에 오지 말기

그립던 말들도 묻어버리기

못다 한 사랑

너무 아픈 사랑은 사랑이 아니었음을

사랑의 진실에 가장 가까운 사랑을 사랑이 아니라고 부정하고 싶은 마음, 그 마음은 사랑을 발견하며 비극의 심연을 본 사람만이 가질 수 있다. 김광석은 그렇게 음유시인의 로맨스에서, 사랑에 빠진 사람의 아픈 경험을 거쳐, 이제 사랑을 부정하는 단계에까지 이른다. 사랑의 모순, 그 깊은 심연에서 이제 그는 사랑을 할 줄 알게 된 것이다.

비극 서사의 미학

우리는 이제 아리스토텔레스가 『시학』에서 비극의 서사를 이야기 하면서 왜 그토록 이야기의 필연성과 사건들의 철저한 개연성을 강조 했는지 이해할 수 있다. 비극 서사는 "성격에 있어서도 사건의 구성에 있어서와 마찬가지로 언제나 필연적인 것 혹은 개연적인 것을 추구하 지 않으면 안 된다". 그 이유는 우리 삶의 어떤 차원에서 비극이 필연 적이라면 극적 구성에서도 그것을 철저히 모방해야 하기 때문이다. "시인의 임무는 실제로 일어난 일을 이야기하지는 않지만, 일어날 수 사랑의 진실에 가장 가까운 사랑을 사랑이 아니라고 부정하고 싶은 마음, 그 마음은 사랑을 발견하며 비극의 심연을 본 사람만이 가질 수 있다. 김광석은 그렇게 음유시인의 로맨스에서, 사랑에 빠진 사람의 아픈 경험을 거쳐, 이제 사랑을 부정하는 단계에까지 이른다. 사랑의 모순, 그 깊은 심연에서 이제 그는 사랑을 할 줄 알게 된 것이다.

있는 일, 즉 개연성 또는 필연성의 법칙에 따라 가능한 일을 이야기하는 데 있다. 따라서 시는 역사보다 더 철학적이고 중요하다. 왜냐하면 시는 보편적인 것을 말하고 역사는 개별적인 것을 말하기 때문이다. '보편적인 것을 말한다' 함은, 이러이러한 성질의 인간은 개연적으로 또는 필연적으로 이러저러하게 행동할 것이라고 말한다는 의미다."

짐멜G. Simmel은 비극적인 것에서는 겉으로 우연인 듯 보이는 것이 내재적으로는 필연적이며, 희극적인 것에서는 겉으로 필연적으로 보이는 것이 내재적으로는 우연적인 것이라고 했다. 우리는 '사랑에 빠지기'에서처럼 비극의 내재적 필연성에서 완전히 자유롭지 못하다.

그렇다고 절망하거나 비관적pessimistic일 필요는 없다. 우리에게 진정한 삶의 형태는 인간조건의 비극성을 인정하는 삶이기 때문이다. 비극성에 대한 인정은 의식이 깨어 있는 삶의 과정을 가능하게 한다. 그리스 비극을 시작으로 오늘날까지 인간의 나약함, 실존의 부조리, 두려움, 연민, 모순 등이 비극적 사건을 이루는 요소들이었지만, 무엇보다도 인간 비극성의 본질을 이루는 것은 그리스어로 '아나그노리시스ἀναγνώρισις', 즉 인간 자신이 스스로 비극적 존재임을 '인정'하는 것이었다. 그것은 신神들의 '비열함'과 숙명의 무자비함에 대항하여 역설적으로 인간이 자신의 존재의미를 정당화하는 방법이었다.

야스퍼스K. Jaspers의 말대로 비극적인 것에 대한 직관적 인식은 그 자체로 비극적인 것으로부터 해방의 가능성, 곧 정화淨化와 구원의 양식을 구체화하는 것이다. 인간존재는 비극적 모순과 좌절 그리고 그것을 극복하고 초월하는 과정 속에서 드러난다. 이 과정에서 존재는 상실되는 것이 아니라 완전하고 결정적으로 감지된다. 야스퍼스에게 비극은 단순히 슬프고 절망적인 사건이 아니라 인간의 삶을 근원적이고 포괄적으로 파악하게 하는 암호다.

그러한 암호로서 인간실존의 비극성은 실증의 대상이 아니다. 짐멜도 말했듯 적어도 인간실존과 생의 의미에 관해서는 실증 논리가 최후의 심판관일 수 없다. 비극적 인식은 삶의 의미를 찾아가는 인간이 이 세상과 자신에게 '의미를 선물'하기 위한 노력의 과정에서 나온 결과다. 그 노력은 삶의 모든 필연 조건으로부터 자유의 여지를 확보하기 위한 시도다. 이러한 시도는 인간이 자연법칙에 구속되어 있음을 신봉하는 절대적 결정론과 숙명에 의해 좌우되는 인간이 의미 없는 존재라는 무기력한 비관주의로부터 자유롭기 위한 것이다.

비극의 역사적 현상과 실존 경험을 거치면서, 인간은 비극과 '게임'을 하고 '비극적 해학'을 즐길 줄 알 정도로 성숙해져야 할지 모른다. 이는 인간의 비극적 감수성 또는 우리 삶의 비극 서사에 대한 미학적 능력이라고 할 수 있다. 미학aesthetics은 말뜻 그대로 감각학이자 감지한 것을 인식하고 인정하는 학문이다. 우리 삶에 다소나마 비극적 품위를 주고 우리들 사랑 이야기에서 비극적 아름다움을 향유할 수 있다면 그런 감수성은 가치 있고 의미 있는 것이리라.

김광석의 노래에도 어쩔 수 없는 것들을 '인정하는 순간'들이 있다. 그가 〈그날들〉을 부를 때 그는 어쩔 수 없는 것들을 인정하고 떨쳐버리고자 소망한다.

> 그대를 생각하는 것만으로
> 그대를 바라볼 수 있는 것만으로
> 그대의 음성을 듣는 것만으로도
> 기쁨을 느낄 수 있었던 그날들
> 잊어야 한다면 잊혀지면 좋겠어
> 부질없는 아픔과 이별할 수 있도록
> 잊어야 한다면 잊혀지면 좋겠어
> 다시 돌아올 수 없는 그대를

〈사랑했지만〉을 부르면서는 삶의 비극성에 대한 인정의 가능성을 내비치고 나아가 체념의 문턱을 넘어서는 듯하다. "어제는 하루 종일 비가 내렸어 / 자욱하게 내려앉은 먼지 사이로 / 귓가에 은은하게 울려 퍼지는 / 그대 음성 빗속으로 사라져버려." 여기까지는 추억의 아련함이 있다. 하지만 "때론 눈물도 흐르겠지 그리움으로 / 때론 가슴도 저리겠지 외로움으로"라고 노래할 때 그는 삶의 조건을 인정하고 체념하려 한다. 그래서 그는 사랑했던 "그대 곁에 머물고 싶지만" 떠나겠다고 다짐한다.

체념은 삶의 조건에 대한 '어느 정도의 항복'과 '약간의 슬픔'과 '많은 깨달음'을 동반하는 마음가짐이다. 체념은 (비극적) 운명과의 관계, 세상과의 관계 그리고 타인과의 관계에서 미묘한 경험을 하는 것이다. 이 세 가지 관계는 삼차원을 이루는 선線으로서 삶이라는 정육면체의 공간을 구성하며, 인간은 그 안에서 살고 있다. 체념은 이 '관계의 삼차원적 공간'에서 자아를 찾는 일이며, 그 자아의 눈으로 다시금 공간을 부유하는 자기 정체와 공간의 조건을 바라보는 일이다.

삶과 사랑의 조건에 대한 인정과 체념의 시간을 거치면 사람들은 다시금 삶과 놀이를 할 줄 알게 된다. 음유시인처럼 '사랑놀이'를 위한 여정을 다시 계획할 수도 있다. 이런 의미에서 〈사랑했지만〉은 삶과 사랑을 노래한 김광석의 다른 곡들과 다의미적으로 이어지는 '고리'와 같은 역할을 하는 작품이다.

사랑으로 자유롭게

김광석은 사랑에 빠진 연인들과 공감하며 노래하기도 했지만, 〈자유롭게〉에서처럼 '사랑하기'의 의미를 노래하기도 했다. 사랑하기는 배타적 행동이 아니라 우정과 연대감의 표출이다. 그러므로 사랑하기는 다른 덕목들을 포함한다. 관심, 이해, 존중, 헌신, 배려 등이 그것이다.

사랑에 빠진 연인들은 서로만을 바라본다. 그러나 사랑할 줄 아는 사람은 상대가 누구든 사랑의 눈길로 바라본다. 생텍쥐페리A. de Saint-Exupery는 "사랑한다는 것은 서로를 바라보는 것이 아니라, 서로 같은 방향을 바라보는 것이다"라고 했다. 이 말도 사랑에 빠지기를 넘어 사랑하기의 단계에 이르라 일러주고 있다. 이는 또한 우리 삶이 비극 서사로부터 자유를 얻는 길이기도 하다.

> 저마다 소중히 태어난 우리
> 우리는 모두 다 고귀한 존재
> [……]
> 서로가 아끼며 보듬을 우리
> 따뜻한 눈으로 마주할 우리
> 사랑으로 자유롭게
> 사랑으로 자유롭게

사랑하기의 단계에서는 사랑으로 모두 자유롭게 될 수 있다. 나아가 넓은 마음과 열린 지평의 음유시인이 되어 모든 타자를 위해 〈나의 노래〉를 부를 수 있다.

> 아무것도 가진 것 없는 이에게
> 시와 노래는 애달픈 양식
> 아무도 뵈지 않는 암흑 속에서
> 조그만 읊조림은 커다란 빛
> 나의 노래는 나의 힘 나의 노래는 나의 삶

[······]

나는 마시고 노래하리 나는 마시고 노래하리

[······]

나는 부르리 나의 노래를

나는 부르리 가난한 마음을

그러나 그대 모두 귀 기울이면

노래는 멀리멀리 날아가리

노래는 멀리멀리 날아가리

김광석이 '개인적 사랑에 빠짐'에서 '타인들을 위한 사랑하기'로 눈을 돌리는 것을 절묘하게 담고 있는 또 하나의 작품은 〈슬픈 노래〉이다. 김광석은 사랑의 비극을 직감하며 노래를 시작한다.

이룰 수 없는 이와 사랑에 빠졌을 때

너무나 사랑하여 이별을 예감할 때

아픔을 감추려고 허탈히 미소 지을 때

슬픈 노래를 불러요 슬픈 노래를

그러나 노래를 마치면서 그는 사랑의 회한에 어쩌지 못하는 연인이 아니라 차분하지만 놀라울 정도로 사랑의 시선을 더 넓고 깊은 곳으로 돌리는 존재가 된다.

어린아이에게서 어른의 모습을 볼 때

[……]

노인의 주름 속에 인생을 바라볼 때

슬픈 노래를 불러요 슬픈 노래를……

그는 모든 타자의 아픔을 위해 슬퍼하고 시간이 남긴 상흔을 위로
하고자 한다. 이때 '슬픈 노래'는 그 자신의 제목을 전복시키며 위안
과 희망 그리고 기쁨의 길을 향한 지난한 출발을 예고하고 있다. 구자
형의 말대로 "슬픈 노래는 그 슬픔을 못 이겨서 노래 부르는 것 같지
만, 실은 그 슬픔을 결국 노래는 이겨내고야 만다." 그래서 "슬픈 노래
는 아름답다." 이 점은 김광석의 음악 레퍼토리에서 우리가 색다른 관
심을 갖고 다시 들어봐야 할 노래들이 무엇인지 암시한다.

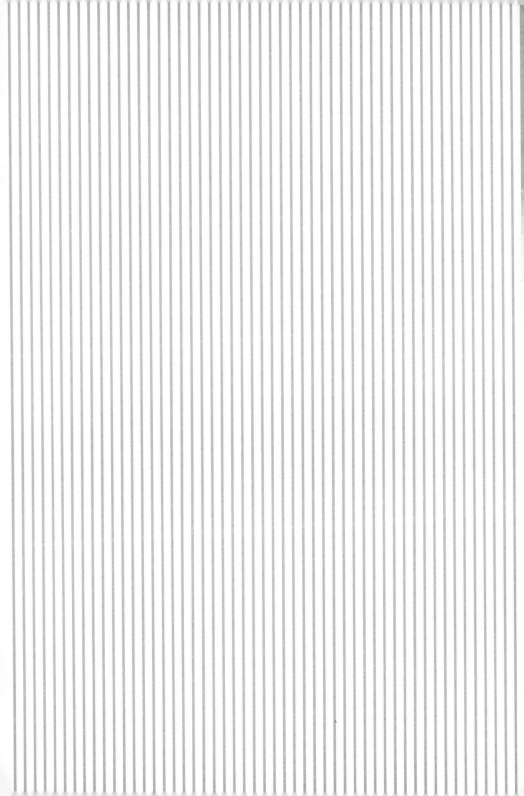

낭만가객과
예술
그리고
혁명

Chapter 4

Although I Love You

낭만은 흐르는 물처럼 우리의 영혼을 젖게 하는 것이 아닐지……, 우리 일상생활에는 이해타산적이고 이성적 활동을 보장하는 '마른 영혼'이 필요하지만, '젖은 영혼'의 낭만이 제공하는 감성적 일탈과 변화 또한 삶을 의미 있게 한다.

1991년에 나온 김광석 앨범 2집에 첫 곡으로 실린 노래는 〈사랑했지만〉이다.

어제는 하루 종일 비가 내렸어
자욱하게 내려앉은 먼지 사이로
귓가에 은은하게 울려 퍼지는
그대 음성 빗속으로 사라져버려
때론 눈물도 흐르겠지, 그리움으로
때론 가슴도 저리겠지, 외로움으로
사랑했지만, 그대를 사랑했지만
그저 이렇게 멀리서 바라볼 뿐 다가설 수 없어

지친 그대 곁에 머물고 싶지만 떠날 수밖에

그대를 사랑했지만

이 곡은 이제 많은 사람에게 그의 '대표곡'으로 여겨진다. 나는 이 노래를 색다른 관심을 갖고 들었다. 앞 장에서도 언급했듯이, "〈사랑했지만〉은 삶과 사랑을 노래한 김광석의 다른 곡들에 다의미적으로 이어지는 '고리'와 같은 역할을 하는 작품"이라는 이유도 있다. 그러므로 그의 삶과 음악세계를 엿보는 데 중요한 열쇠다. 구체적으로는 그를 이해하기 위한 생각의 화두가 될 수 있는 노래다.

또 다른 이유는 사람들이 그를 '음유시인'이라고 부를 뿐만 아니라 '낭만가객浪漫歌客'이라고 부르기도 하기 때문이다. 하긴 음유시인이란 말도 낭만성을 내포하지만 말이다. 낭만은 유혹하는 언어다. 물론 사랑과 밀접하다. 하지만 그것을 넘어서는 의미의 폭을 지니고 있다. 그렇기 때문에 이런 별칭을 들으면 귀가 솔깃해진다. 탐구하고 싶어진다. 김광석에게 낭만은 무엇이었는지? 그의 음악에서 낭만성은 어떤 것이었는지? 그는 살면서 낭만적 욕구 때문에 즐거웠는지, 고민했는지, 괴로웠는지?

사랑은 제시간에 오지 않는다

〈사랑했지만〉을 각별한 관심을 갖고 듣다 보면, 다른 가수들이 리메이크해서 부를 때의 곡 해석과 비교하게 된다. 〈사랑했지만〉은 외국 가수들도 리메이크해서 불렀다. 2014년 스웨덴 가수 안드레아스 산드룬트Andreas Sandlund가 원곡에 영어로 제목 'Although I Love You' 과 가사를 붙여 불렀는데, 잔잔하고 감상적인 발라드 스타일로 거듭나게 했다는 평을 받았다. 김광석이 세상을 뜬 지 몇 년 안 지난 1999년에 팀 데이비스Tim Davis라는 가수가 역시 영어 노랫말로 리메이크해서 부른 곡 'Though I Gave My Love' 도 있다. 이들의 곡 해석과 가창은 김광석을 이해하는 데 흥미로운 힌트를 제공한다.

산드룬트가 '곱게' 노래한다면, 데이비스는 '처량하게' 부른다. 맑은 음성의 산드룬트는 김광석의 깊이 있는 곡 해석에 비하면 너무 곱게 부른다는 느낌이다. 잔잔해서 너무 빨리 사랑의 아픔에 달관해버린 느낌이다. 허스키 보이스의 데이비스는 자기감정에 빠져 처량하게 부르는 쪽에 가깝다. 떠나겠다고 다짐하지만 다시 그녀에게 매달릴 것만 같다. 산드룬트의 노래에 팬이 "softly killing voice"라는 감상평을 달아놓았다. 소프트하다는 점에서 반쯤 동감한다. 데이비스의 노래에서 처량함을 느끼는 이유는 '기氣가 빠져 있기' 때문이다. 슬픔에도 기가 살아 있는 슬픔이 있다. 김광석의 슬픔이 그렇다. 그의 슬픔에는 뭔가 모를 포스force가 있다.

〈사랑했지만〉에서 후렴의 노랫말은 아주 간단하지만 매우 중요하다. 당연히 산드룬트와 데이비스 모두 하이피치high pitch로 부른다. 하지만 언어구조상 '사랑했지만~'에서 마지막 음절 '만~'이 하이피치의 낭만가객 [……] 낭만은 유혹하는 언어다. 물론 사랑과 밀접하다. 하지만 그것을 넘어서는 의미의 폭을 지니고 있다. 그렇기 때문에 이런 별칭을 들으면 귀가 솔깃해진다. 탐구하고 싶어진다. 김광석에게 낭만은 무엇이었는지? 그의 음악에서 낭만성은 어떤 것이었는지? 그는 살면서 낭만적 욕구 때문에 즐거웠는지, 고민했는지, 괴로웠는지?

정점이 되지 않고, 두 사람 모두 '유you~'가 정점이 된다. 산드룬트의 노래에선 제목처럼 "Although I love **you~**"이고, 데이비스에게선 줄인 제목의 전체 문장인 "Though I gave my love to **you~**"이다. 그렇기 때문에 '너에게' 다가갈 듯 길어지는 톤으로 부른다(이렇게 되면 노래의 방점이 '사랑 행위'가 아니라, '사랑의 상대'에 놓이므로 그 의미도 달라지겠지만 언어의 차이 때문에 어쩔 수 없다).

후렴의 가창과 연관해서 2001년 로커 김경호가 리메이크해서 부른 곡과 근래에 뮤지컬 배우 최승열이 JTBC 프로그램인 '히든싱어'와 '김광석 다시 부르기' 공연에서 부른 노래도 함께 비교해보면 더욱 흥미로운 점을 발견할 수 있다. 김경호와 최승열 역시 "사랑했지만~" 부분을 하이피치로 부른다. 그러나 앞의 외국인 가수를 포함한 이 네 사람 모두의 하이피치에서 김광석과 같은 힘은 느낄 수 없다.

특히 김경호와 최승열의 하이피치는 퍼져 나가듯 한다(김경호의 경우 그것이 더욱 호소력 있다는 곡 해석 같다). 곧 확산으로서 하이피치다. 그러나 김광석은 하이피치를 응집력으로 부른다. 확산이 아니라 응집이다. 김광석처럼 하이피치를 진한 응집으로 부르는 가수를 어디서 또 찾아볼 수 있을까? 그 응집력은 우리를 전율하게 만든다. 왜 그럴까?

김광석의 목소리엔 핏기가 서려 있기 때문이다. 아니 그는 핏덩이를 입에 물고 노래한다. 그가 한 움큼 삼켰다 내뱉듯 하는 소리는 핏덩이의 울음 그 자체다. 입안에서 공명하는 그 울음에 입도 크게 벌리지 못하고 소리를 낸다. 그 핏덩이에 혼신의 힘으로 영혼을 응집하는 소리, 그 소리는 목이 아니라 그의 온 몸에서 나온다. 누가 그를 영혼의 가수라고 했는가. 그는 육신과 영혼에 구별이 없는 가수다! 사람이다! 그의 육신과 영혼이 모두 그 핏덩이에 용해되어 있다. 육신과 영혼의 갈등이 핏덩이로 얽혀 있는 그 진한 삶을 감내하는 가수, 그게 김광석이다.

그런데 김광석은 콘서트에서 노래 사이사이에 하는 이야기에서 흥미로운 사실을 고백한 적이 있다. 그 고백은 그의 유고집에도 실려 있다. "사실 이 노래를 별로 좋아하지 않았습니다. 시도하지도 않고 그저 멀리서 바라만 보는 수동적인 태도가 마음에 들지 않기 때문입니다." 그래도 칠순의 할머니를 포함해 다른 사람들의 잊었던 감정을 되살려준 노래이기에 조금 더 열심히 부르고 좋아하기로 마음먹었다고 말한다.

그는 또 이런 다짐도 한다. "사랑은 늘 제시간에 오지 않습니다. 사실 제가 부르는 사랑 노래는 대부분 자의적입니다. '사랑했지만 떠날 수밖에…… 사랑했지만 그저 멀리서 바라볼 뿐.' 하지만 이젠 좀 더 용기를 내고 싶어집니다." 여기서 그가 자의적이라 함은 '제멋대로 자기중심적'이란 뜻에 더해 '혼자 좋아하고 혼자 애쓰고 혼자 포기하곤' 한다는 뜻을 품고 있는 듯하다. 여기서 김광석은 언뜻 자신의 감상주의를 고백한다. 그러면서 그것에서 벗어나고자 한다. 이는 김광석의 음악세계가 서정적이고 감상적인 차원을 포용하면서도 자기만의 독특한 낭만성을 이루어간다는 가설을 세우도록 자극한다.

이런 가설에 힘을 실어줄 또 다른 증언(?)도 있다. 구자형이 전하는 바 〈사랑했지만〉을 작사·작곡하고 저 자신이 직접 부르려고 했던 한동준은 이 노래를 김광석에게 빼앗기다시피 헌납(?)했다고 한다. 한동준은 그 노랫말을 두고 김광석이 이렇게 말했다고 회고한다. "야, 사랑이 앞으로 나가야지, 껴안아야지. 왜 다가설 수 없어?" 그럼에도 그는 이 노래를 굳이 자기 노래로 부르려 했고 불렀다. 이에 구자형은 김광석의 모순된 행동을 설명한다. "하지만 어둠 속에서 새벽이 열리듯, 또한 폐허 같은 상실의 가슴속에서 다시 살기 위해 수없이 껴안고 다가갔던 것도 김광석이었다"라고.

감상적인sentimental 것과 낭만적인romantic 것은 서로 소통하면서도 갈등하는 사이이다. 감상주의의 특징은 소극적이고 수동적이라는 데 있다(그래서 김광석이 〈사랑했지만〉 노랫말의 수동적 태도를 좋아하지 않는다고 했을 때 그가 감상주의에서 벗어나고자 했으리라 추측했던 것이다). 바로 이 점에서 감상은 낭만의 적극적이고 능동적인 태도와 갈등한다.

낭만주의자에게 무엇보다 중요한 것은 자유다. 그것이 능동적이고 적극적인 일탈과 도전을 가능하게 하기 때문이다. 그러나 감상주의자는 종종 자유를 담보 잡히면서까지 연민과 동정을 유발하고자 한다. 그래서 감상적인 것의 극단은 일으켜 세워줄 것을 기대하고 넘어지는 것이며 위안을 부르는 고뇌인 것이다.

반면 둘 사이를 이어주는 중요한 공통분모는 사랑이다. 그러나 사랑을 대하는 태도에서도 둘 사이는 김광석이 보여주었듯 갈등한다.

감상주의는 자기중심적이다. 그래서 김광석이 '자의적'이라고 했던 것이다. 낭만은 상호적이거나 공동체적인 것에 좀 더 자신의 열정을 할애한다.

갈등의 전선을 파악하는 것은 한 사람의 삶을 이해하는 열쇠이다. 아무 문제 없이 함께할 것 같은 낭만과 감상의 갈등을 품고 사는 사람에게는 더욱 그렇다. 바로 이 점이 김광석의 삶과 예술세계를 비춰볼 수 있는 의미 있는 거울일 것 같다. 그러려면 거울을 잘 닦아야 한다. 이제 낭만의 의미를 좀 더 깊고 넓게 살펴보는 일이 유용해졌다.

우리 가요의 낭만에 대하여

가수들은 낭만을 노래한다. 전문적인 '낭만주의'를 논하기 전에, 대중문화 속에서 사람들이 어떻게 낭만을 느끼고 생각하는지 알아보면 낭만의 의미에 좀 더 가까이 다가갈 수 있다. 최백호는 아예 〈낭만에 대하여〉라는 학술논문(?) 같은 제목의 노래를 불렀다. 김광석이 한창 활동하던 1995년에 나온 앨범에 실린 이 곡에서 최백호는 우리나라에서 보통사람(특히 보통남자)들이 느끼는 낭만의 속성을 조목조목 짚어가며 공감을 얻어내고 있다.

궂은 비 내리는 날
그야말로 옛날식 다방에 앉아

도라지 위스키 한 잔에다

짙은 색소폰 소릴 들어보렴

새빨간 립스틱에

나름대로 멋을 부린 마담에게

실없이 던지는 농담 사이로

짙은 색소폰 소릴 들어보렴

이제 와 새삼 이 나이에

실연의 달콤함이야 있겠냐마는

왠지 한 곳이 비어 있는 내 가슴이

잃어버린 것에 대하여

밤늦은 항구에서

그야말로 연락선 선창가에서

돌아올 사랑은 없을지라도

슬픈 뱃고동 소릴 들어보렴

첫사랑 그 소녀는

어디에서 나처럼 늙어갈까

가버린 세월이 서글퍼지는

슬픈 뱃고동 소릴 들어보렴

이제 와 새삼 이 나이에

청춘의 미련이야 있겠냐마는

왠지 한 곳이 비어 있는 내 가슴이

다시 못 올 것에 대하여 낭만에 대하여

노래는 전적으로 '뒤를 향해' 있다. 옛날식 다방, 도라지 위스키, 실연, 내 가슴이 잃어버린 것, 구식 선창가, 돌아올 수 없는 사랑, 첫사랑 그 소녀, 가버린 세월, 청춘의 미련 등등……. 현재 없는 것들이기 때문에 슬프고 서글프고 아쉽고 공허하고 비어 있고 그렇다. 모든 게 다 상실되고 비어 있는데, 노래는 회고와 회한으로 가득 차 있다. 왠지 한 곳이 비어 있는 가슴은 아무것도 없는 게 아니라 잃어버린 것에 대한 묘한 감정으로 꽉 차 있다. 감히 불교 용어를 빌려 오면 이미 잃어버려서 사라진 것도 각자의 가슴속에 연기緣起하고 있는 것 같다.

이 노래를 해석한다는 것은 사실 부질없는 일이리라. 가사와 곡조에 다 드러나 있으니 말이다. "낭만에 대하여"는 "잃어버린 것에 대하여"이고, "다시 못 올 것에 대하여"이다. 너무 서글퍼서 '이봐 친구야, 비애와 회한으로 오늘 밤 덮고 잘 이불 짜겠다'라고 "실없이 던지는 농담"이라도 연출해야 할 판이다. 한편 최백호보다 한 세대쯤 젊은 록 그룹 체리 필터의 〈낭만 고양이〉는 전혀 다른 낭만성을 노래한다.

내 두 눈 밤이면 별이 되지

나의 집은 뒷골목 달과 별이 뜨지요

두 번 다신 생선가게 털지 않아

서럽게 울던 날들 나는 외톨이라네

이젠 바다로 떠날 거예요(더 자유롭게!)

거미로 그물 쳐서 물고기 잡으러!

나는 낭만 고양이

슬픈 도시를 비춰 춤추는 작은 별빛

나는 낭만 고양이

홀로 떠나가버린 깊고 슬픈 나의 바다여

낭만의 감정은 고독과 밀접하다. 그렇기 때문에 보편적 인간의 감정이라고 할 수 있다. "외로우니까 사람이다"라는 시구도 있잖은가. 이것은 인간이라면 누구나 경험하는 공통 감정이다. 고독은 타인과의 단절로 인해 사람을 자기 안으로 침잠하게도 하지만, 자아성찰의 기회가 되어 사람을 성숙하게 한다. 홀로 있는 영혼은 자신의 지평을 무한히 확장할 수 있는 기회를 갖는다. 그래서 고독한 자는 엄청난 상상력을 발휘하기도 한다. 그것이 또한 고독한 자의 낭만성이다.

〈낭만 고양이〉의 첫 구절은 가난함과 풍부함, 추함과 아름다움, 현실과 환상이 교차하는 도시의 밤 풍경을 그대로 보여준다. 이런 상황에서 고독("나는 외톨이라네")은 새로운 다짐("두 번 다신 생선가게 털지 않아")을 가능하게 한다. 그 고독은 치기에 가깝고 그 다짐은 소박하다. 그렇다 할지라도(아니, 바로 그렇기 때문에) 현실에서 생선가게나 기웃거리던 도시 뒷골목의 고양이는 낭만의 꿈을 꾼다. 고독한 영혼은 "더 자유롭게"

상상의 지평을 확장한다. "거미로 그물 쳐서 물고기 잡으러" 바다로 떠나는 것이다. 낭만 고양이는 고독과 자유로운 영혼 그리고 무한상상의 상징이다.

낭만 고양이도 과거를 생각한다. "서럽게 울던 날들"을 추억한다. 하지만 그것에 매이지 않는다. 슬픈 시절을 뒤로하고 "이젠 바다로 떠날 거예요"라고 '앞을 보며' 단호히 다짐한다. 미래를 지향하는 것이다. 그렇다고 그의 낭만성이 개인적이며 현실 일탈의 가벼움만을 의미하지는 않는다. 오히려 성숙한 현실감을 내포한다. "깊고 슬픈" 바다를 향해 홀로 가야만 하는 여로에서도 타자를 생각하기 때문이다. 그는 어두운 밤 뒷골목에서 "슬픈 도시를 비춰 춤추는 작은 별빛"임을 자임한다. 언젠가 바다에서 돌아와 "두 눈 밤이면 별이" 되어 도시를 환히 비출 것이다.

최백호는 낭만을 감상주의적 특성으로 해석한 것 같다. 감상주의는 어떤 상황과 연관하여 지나친 감정을 보이는 것, 또는 비애, 연민, 동정심 등의 감정에 푹 빠져 헤어나지 못하는 상태를 가리킨다. 예술사에서 감상주의는 '낭만주의의 말기적 증상'으로 해석하기도 한다. 이는 우리가 일반적으로 낭만주의와 감상주의를 유사하게 여기게 되는 이유이기도 하다. 또한 감상주의 문학이나 연극이 유행할 때는 그 상투성에 독자나 관중이 작품을 오히려 눈물 대신 해학으로 대하는 경우도 있었다(그래서 최백호의 노래를 좋아하면서도 '실없이 던지는 농담'을 연출해본 것이다). 1980년대와 1990년대 우리 상황에서는 이런 예술사적 · 예술 그는 핏덩이를 입에 물고 노래한다. 그가 한 움큼 삼켰다 내뱉듯 하는 소리는 핏덩이의 울음 그 자체다. 입안에서 공명하는 그 울음에 입도 크게 벌리지 못하고 소리를 낸다. 그 핏덩이에 혼신의 힘으로 영혼을 응집하는 소리, 그 소리는 목이 아니라 그의 온몸에서 나온다. 누가 그를 영혼의 가수라고 했는가. 그는 육신과 영혼에 구별이 없는 가수다! 사람이다!

비평적 관점에 민감하기 힘들었던 것 같다. 그런데 이 시대에 자신의 음악 역정을 보낸 김광석은 좀 달랐던 것 같다. 앞서 보았듯 이에 대해 뭔가 고민하고 있다는 신호를 보내고 있었기 때문이다.

최백호에 비해 2000년대의 보컬그룹인 체리 필터는 훨씬 더 '역사적 낭만주의'(이에 대해서는 앞으로 나올 항목들에서 좀 더 구체적으로 다룰 것이다)에 가깝다. 낭만은 그것을 인식하는 방식이 다르더라도 인간심성의 내적 상태를 표현하는 것이라는 점에서는 누구나 경험할 수 있다. 낭만이 폭을 넓히면 종종 감상주의를 포함하게 된다. 그렇기 때문에 인간 삶의 공통분모를 이루는 것이다. 다시 말해 나름의 보편성을 지니고 있다. 그러나 이를 전적으로 합리성을 기준으로만 해석할 수는 없다. 그것은 감성적이고 영적인 접근을 요구하는 인간적 삶의 형태이기 때문이다.

고대 그리스의 철학자 헤라클레이토스는 "영혼이 죽으면 물이 되고 물이 죽으면 땅이 된다. 그러나 땅에서 물이 나오고 물에서 영혼이 나온다"라는 알 듯 모를 듯한 말을 남겼다. 하지만 이것을 그가 남긴 다른 말들과 연결해보면 흥미로운 해석을 얻을 수 있다. 헤라클레이토스는 "마른 영혼이 가장 지혜롭다"라고 단언하면서도, 한편으로는 "술 취한 사람이 아이에게 이끌려가고 있다. 다리는 비틀거리고 어디로 가는지도 모른다. 그의 영혼이 젖어 있기 때문이다"라고 암시한다.

이것은 낭만浪漫의 한자에 모두 '물 수水' 변이 있는 것과 묘한 의미의 일치를 보인다. 물결 랑浪이고 부질없을 만漫인데, 낭만은 흐르는 물처럼 우리의 영혼을 젖게 하는 것이 아닐지, 그리고 그 영혼은 지혜롭지 않지만 더 인간적인 것은 아닐지, 의심하게 된다. 우리 일상생활에는 이해타산적이고 이성적 활동을 보장하는 '마른 영혼'이 필요하지만, '젖은 영혼'의 낭만이 제공하는 감성적 일탈과 변화 또한 삶을 의미 있게 한다. 그렇기 때문에 이 '부질없어' 보이는 낭만성이 어떻게 발전해왔는지 좀 더 구체적으로 살펴보는 것은 여전히 유용하다.

일탈의 미학사

낭만의 개념화는 예술의 역사에서 이루어졌다. 그러므로 낭만은 본디 미학적 개념이다. 그 개념화 작업은 서구에서 시작되었고 낭만주의Romanticism는 18세기 말엽부터 19세기 중엽까지 유럽 전역과 그 문화권인 남북아메리카에 전파된 문예사조와 예술운동을 가리키게 되었다. 우리나라에서는 이른바 근대화 시기인 1900년대 초에 이르러서 낭만주의의 영향을 받은 문화적 변동이 일어났다.

그러나 움베르토 에코는 미beauty와 미학aesthetics의 역사를 다루며 "낭만주의는 어떤 역사적 시기나 어떤 특정한 예술 운동을 가리키는 용어가 아니다"라고 말한다. 에코는 나아가 프랑스혁명과 왕정복고, 신고전주의와 사실주의 사이의 긴장으로 넘쳐나던 서구의 역사적 시대, 즉 18세기 말엽부터 19세기 중엽까지의 시기를 "낭만주의적 미가 표현되는 대표적 시대로 간주되지 않도록 주의해야 한다"라는 경고까지 한다. 그의 이 단호한 표현은 무엇을 의미하는 걸까?

이는 '낭만적인 것'이 인간의 보편적 감성임을 말하고자 하는 것이다. 그것이 '주의-ism'라는 이름이 붙을 정도로 역사의 특정한 시기에 특별히 부각되었다 할지라도, 낭만은 시공간을 관통하며 인간심성에 편재해온 그 무엇이라는 뜻이다. 앞에서 우리도 살펴보았듯이 낭만적인 것은 누구나 경험할 수 있는 인간의 내적 상태이기 때문에 인간 삶의 공통분모를 이룬다는 말이다.

그러나 이러한 보편적 편재성 때문에 오히려 그것을 철저히 합리적으로 정치精緻하게 해석하기는 어려울 것 같다. 그것은 '누구나 느끼는 것'이지만 일찍이 타소T. Tasso와 루소J.-J. Rousseau 같은 문필가가 말했듯 '알 수 없는 그 무엇'일 가능성이 높아 보인다. 그래서 에코도 애매모호하게 그것이 한편 영적인 접근을 요구하는 인간적 삶의 한 형태라는 입장을 보인다.

문학 분야에서 역사적으로 특정한 시기에 특별한 의미를 갖고 '낭만주의' 운동이 있었던 때는 잘 알려졌듯 18세기 말과 19세기 초 현대 독일 문학의 왕성한 활동기였다. 그런데 독문학자 프리츠 슈트리히 Fritz Strich는 그 시대를 어떻게 총평했던가? "낭만주의는 다만 시간적인 것, 일회적인 것, 요란하게 흘러가버린 흐름이 아니라 영원한 요소, 영원한 바다다. 그 속에 인간정신은 되풀이하여 몸을 담가야 한다. 성스러운 회춘의 목욕을 해야 하는 것이다. 그것은 모든 것이 출생하고 모든 형상이 탄생하는 영원한 어머니의 품이다."

이 역시 낭만의 보편적 의미와 가치를 강조하고 있지 않은가. 이런 낭만의 보편성은 오히려 그것을 어떤 특수한 개념으로 붙잡을 수 없게 한다. 자칫 우리를 어디서나 둘러싸고 있는 공기를 손 안에 움켜쥐려는 것과 같다고나 할까. 곧 낭만은 '누구나 느끼는 것'이지만, '알 수 없는 그 무엇'이다. 이것이 낭만의 모순이고 또한 매력이다.

학자들은 에코처럼 뜸을 잘 들인다. 하지만 중요한 주제에 대해 논하기를 포기하는 것은 아니다. '낭만에 대하여'도 논하기를 포기하지 않는다. 그만큼 그것이 인간의 기본 속성으로 판단될 수 있는 중요한 주제이기 때문이다. 포기하지 않을 뿐 아니라 종종 미련해 보일 정도로 이 주제를 붙들고 늘어진다.

폴란드의 철학자이자 미학자이며 미술사가인 타타르키비츠w. Tatarkiewicz는 "낭만주의, 낭만적인 것, 낭만적 작품 등은 매우 다양하게 이해되고 다양하게 정의되어왔다"라고 인정하면서 그 무수히 많은 정의 가운데 자칭 타칭 '낭만적 작가'들이 내린 '자그마치' 25종의 정의를, '미학의 개념사'를 전개하며 소개한다. 그는 이러한 25종의 정의를 유기적으로 연결하려고 노력하지만 나열식 설명의 틀에서 완전히 탈피하지는 못한다. 그러나 이들을 다음과 같은 세 가지 차원에서 정리해보면 낭만의 의미에 좀 더 가까이 다가갈 수 있을 듯한데 **미학사적 차원, 낭만적 운동의 동기적 차원, 낭만적 성향의 결과적 차원**이 그것이다.

미학사에서 낭만의 미학은 '조화의 미학'에 반기를 들면서 구체화

감상은 낭만의 적극적이고 능동적인 태도와 갈등한다. 낭만주의자에게 무엇보다 중요한 것은 자유다. 그것이 능동적이고 적극적인 일탈과 도전을 가능하게 하기 때문이다. 그러나 감상주의자는 종종 자유를 담보 잡히면서까지 연민과 동정을 유발하고자 한다. 그래서 감상적인 것의 극단은 일으켜 세워줄 것을 기대하고 넘어지는 것이며 위안을 부르는 고뇌인 것이다.

했다. 아닐 것 같지만 놀랍게도 서구에서 고대로부터 르네상스 시기까지 미학적 관점을 지배하는 이념은 한 가지밖에 없었다. 바로 고전적 '조화의 미학'이다. "모든 것은 조화로울 때 아름답다"라는 조화의 미학은 척도, 비례, 대칭, 균형 등의 의미를 내포하며 고대 그리스에서 발달해 르네상스 말기 절정에 이른다. 그래서 미학사의 '대이론Grand Theory'이라고 불리기도 한다. 그러나 절정에 이르면 내려오기를 시작해야 한다.

르네상스 말기에서 두 세기를 지나 18세기 말, 이른바 낭만주의 운동기에 이르면 아름다움이 더는 비례와 조화가 아니라 어떤 규칙 너머를 향한 열정과 긴장일 수 있다는 감수성이 더욱 발달한다. 바로 이 시기에 미학적 지배 이념의 중심에서 이탈해 불안정하고 충격적이며 놀라움에 반응하는 미적 감수성과 그것을 표현하는 예술적 성향이 거센 물결을 이룬다. 에코가 말했듯 이런 성향은 역동적 움직임이므로 설명을 목적으로 할 경우에만 마니에리스모manierismo, 바로크, 로코코, 로맨티시즘 같은 학문적 범주로 전환시킬 수 있다.

타타르키비츠도 "낭만적인 작업은 조화로운 미를 목표로 삼는 것이 아니고 어떤 강력한 작용, 사람들에게 미치는 강력한 효과, 즉 사람들을 뒤흔들어놓는 것을 목표로 삼는 작업이다. 그러므로 작품은 아름답기보다는 흥미 있고 자극적이며 동요하게 만드는 편이 더 중요하다"라고 말한다. 이에 "사실 예술의 주요 범주는 조화가 아니라 갈등이다. 그것은 인간사회 못지않게 인간의 영혼에서도 그러하기 때문에 인간의 예술에 있어서도 마찬가지인 것이다"라는 입장이 자연스레 따라온다.

낭만적 미는 비례의 미, 조화의 미와 달리 "강력한 감정과 열정의 미, 상상력의 미, 시적인 것, 서정적인 것의 미, 형식이나 규칙에 종속되지 않는 정신적이고 비정형적amorphous인 미"이다. 또한 "이상야릇함·무한함·심오함·신비·상징·다양성의 미, 힘·갈등·고통의 미일 뿐 아니라 환상·소원疏遠함, 그림같이 생생함의 미, 강력한 효과의 미 등"인 것이다.

그래서 타타르키비츠는 '하나의 극단적 공식'을 시도한다. "고전주의에서 가장 중요한 범주가 미라면 낭만주의에서 가장 중요한 범주는 미가 아니라 거대함·심오함·숭고·고고함·영감의 비상 등"을 포함하는 다양한 감각적 형식들이라고 주장한다. 결론적으로 그는 미학적으로 "고전적 미가 가장 협의(형식적 의미)의 미라면 낭만적 미는 가장 광의의 미 개념에 알맞다"라는 분류적 관점에 이른다.

민중의 노래가 들리는가?

미학사적 차원에서 낭만의 의미를 찾다 보면 '낭만적 운동의 동기적 차원'과 '낭만적 성향의 결과적 차원'을 이해할 수 있는 실마리 또한 얻는다.

낭만의 미학이 고전적 조화의 미학에 반기를 들었듯 모든 낭만적 운동의 동기는 이미 기성화된 공식에 대한 반란에서 비롯한다. 역사적 낭만주의 시대에 낭만주의자들이 주장했듯 낭만주의는 이미 안정된 규칙, 원리, 규범, 관례 등에 대한 당연한 존경을 버리고, 필요하면 이들을 뒤집는다. 낭만주의 예술은 규칙에 반란을 일으키는 것이고, 규칙으로부터 해방을 요구하는 것이며, 어떠한 규칙도 고려하지 않는 창조 행위, 곧 규칙으로부터 자유로운 창조다.

빅토르 위고Victor Hugo가 주장했듯이 "낭만주의는 문학과 예술에 있어서 자유주의"이며, 철학자이자 문학비평가인 브르조조프스키s. Brzozowski의 말처럼 낭만주의는 "영혼이 자신을 낳은 사회에 대해 일으키는 반란"이다. 그것은 "뿌리에 대한 꽃의 반란"과 같은 것이리라. 이를 좀 더 확장하면, 낭만주의는 "인간이 세계와 겪는 갈등"이며 "현실, 특히 당면한 현실로부터의 비상이다. 즉 유토피아와 환상의 세계로의 비상이며, 허구와 환영의 영역으로 날아오르는 것"이다. 우리는 여기서 낭만주의가 지닌 현실과의 거리가 세상을 바꾸려는 유토피아적 요청과 밀접하며 낭만적인 것이 종종 혁명적인 것과 병행하는 이유를 확인할 수 있다.

그러므로 이렇게 말할 수 있다. 우리 각자에게 내재하는 낭만적 열정이란 무엇보다도 '틀 지워진 삶에 대한 저항'이다. 그 틀이 정치·사회 구조이든, 경제의 원리든, 미학적 원칙이든, 이 모든 것은 생명의 힘과 다양성을 제한하는 것이기 때문이다. 물론 산다는 것은 삶의 모양새를 만들어간다는 뜻이다. 우리는 삶의 목적을 정하고 한계를 짓고 사람들 사이에 관계를 맺으며 산다. 그러나 이런 삶의 모양새가 고 착화된 틀로서 우리를 획일화하고 억압하려 할 때, 우리 안에 잠재하는 낭만성은 언제든 꿈틀대며 때로는 혁명의 기운으로 산화할 준비가 되어 있다.

이렇게 사람의 심성에 편재하는 낭만의 특성은 각 개인의 다양한 욕구와 그것을 구체화하는 형식들 사이의 관계이다. 이러한 관계는 이성만이 아니라, 이성과 감성 그리고 세밀한 인간감정에 의해 맺어지며, 미와 추, 생과 사, 빛과 어둠 같은 반명제를 해소하지 않고 오히려 공존하게 한다. 서구 낭만주의 문학의 대가 빅토르 위고의 서사시 같은 소설 『레미제라블』은 이런 낭만의 특성을 상상력의 힘으로 잘 보여준다.

그의 이야기에선 비참함 속에서 비극적 우아함이 꽃피고, 그로테스크한 환경에서 천진무구한 어린 생명들이 꿈틀대며, 악취 나는 하수구에서 숭엄한 인간미가 구원을 향한다. 이 공존은 때로 혼돈으로 보이기도 하는데 이 격정적인 혼돈의 세계에서 『레미제라블』의 주인공 장 발장의 삶은 말 그대로 '소설' 같은 삶이다. 이에 '낭만적romantic' 이라는 말이 '소설romance 같은'이라는 의미를 내포함을 상기해봄 직하다. 그것은 우리와 동떨어진 불가능해 보이는 삶이지만, 우리 모두에게 한 개인의 고귀한 가능성으로 제시된다.

장대한 이야기 속에서 '소설 같은' 삶을 사는 장 발장의 대척점에 기존 질서에 지독하게 충실한 자베르 형사가 있다. 그는 법과 정의의 화신이다. 위고의 소설을 각색한 쇤베르그C-M. Schonberg의 뮤지컬에서 자베르의 노래는 '법의 의미'를 열창한다. 그러나 '법과 사회질서의 적敵' 장 발장이 그에게 어처구니없게도 '천사 같은' 충격적 태도를 보이기 전까지, 자베르는 그 소중한 법의 의미가 자신의 적뿐만 아니라 자신마저 '법의 노예'로 만든다는 사실을 도저히 인지할 수 없었다. 아니 느낄 수조차 없었다. 그에게는 인생의 낭만이 너무 오래 동면하고 있었기 때문이다. 법과 정의의 질서 잡힌 틀은 역동적인 낭만에게 마취제이다.

본디 미학적 개념인 낭만은 정치·사회적 개념인 정의正義의 이면을 드러내 보인다. '정의'는 조화의 개념과 밀접하다. 아니 그것을 바탕으로 하며 그것에서 유래한다. 서구에서 정의의 정치학은 조화의 미학 없이 발전할 수 없었다. 이 세상이 최적의 비례와 질서를 이루며 존재하는 상태를 조화로 인지하는 인간의 감각 없이 고전적 사회정의의 개념이 형성되기는 어려웠다. 전형적인 사회·정치적 개념인 정의는 사회의 조화와 질서를 전제하기 때문이다. 고대로부터 올바름으로서의 정의란 개인 간의 올바른 도리, 즉 사회를 구성하고 유지하는 공정한 도리를 말한다. 고대 그리스 철학에서 정의가 사회생활에 필요한 개인의 기본 덕목인 지혜, 용기, 절제 사이의 조화를 뜻하는 것도 이와 같은 맥락이다. 법과 질서를 보호하는 정의의 여신이 조화의 미학의 기본 속성인 척도, 비례, 균형을 상징하는 천칭을 들고 있는 것도 조화와 정의 개념의 본질적 동일성을 잘 보여준다.

현대의 미학이 조화의 고전주의에 도전하듯이, 현대의 낭만은 전통적 법과 정의의 신념에 반성을 요구한다. 반면 질서 잡히고 조화로운 사회의 틀로서 정의 실현의 욕구는 종종 낭만주의자들의 이상을 향한 염원과 희생 그리고 방랑의 자유를 견디지 못하여 이를 삭제하려 한다. 하지만 낭만적 욕구와 열정은 우리 삶에서 해소될 수 없는 그 무엇이다. 이 대립이 극단에 이르면 피를 부른다. 『레미제라블』은 이 변증적 긴장과 파국의 사태를 그리고 있다. 그럼으로써 우리에게 공동체적 삶의 필요조건으로서 정의에 대해 논쟁하는 것만큼이나 우리 삶에서 정녕코 해소될 수 없는 인간미로서의 '낭만'에 대해 이야기하라고 일러준다.

위와 같이 살펴보건대, 이제 '낭만적 성향의 결과적 차원'이 어디에 이를지도 어렵지 않게 짐작할 수 있다. 그것은 다양성에 귀결한다. 아니 틀을 벗어나 무한히 확장해가는 과정 그 자체로서 다양성의 의미를 알아차릴 수 있게 한다. 여기서 우리는 무한과 다양성이 동어반복의 의미를 갖는다는 것도 알 수 있다. 그래서 무한에 대한 열망을 낭만주의의 기초로 여길 수 있게 되며, 그것은 또한 다양한 세계에의 비상을 의미하게 된다.

이제 낭만주의는 차이의 인식, 즉 사물 및 예술의 다양성을 인식하는 것임을 또한 감지할 수 있다. 철학자 아서 러브조이Arthur O. Lovejoy는 낭만적 태도를 '다양론'이라 칭하고 이것을 고전주의자의 '균일론'과 대립시켰다. 러브조이는 낭만주의자들이 "다양성의 본질적 가 낭만의 감정은 고독과 밀접하다. 그렇기 때문에 보편적 인간의 감정이라고 할 수 있다. [……] 홀로 있는 영혼은 자신의 지평을 무한히 확장할 수 있는 기회를 갖는다. 그래서 고독한 자는 엄청난 상상력을 발휘하기도 한다. 그것이 또한 고독한 자의 낭만성이다.

치를 발견해냈다"라고 주장했다. 사람들이 낭만주의자들의 예술적 탁월성을 깨닫게 된 것도 바로 다양성의 차원 덕분이었다는 것이다. 다양성은 낭만주의자들이 이국적 취향에 대한 개방을 비롯해 문학적·예술적으로 혼합된 형식을 선호하게 되는 동기였을 뿐만 아니라 그들이 문학·예술 형식을 증식시키는 원천이었다. 예술사적으로 보아도 고전적 규범classical canons과 낭만적 취향romantic taste 사이의 논쟁에서 얻게 된 것은 역설적으로 인류 역사가 다양한, 따라서 놀랍고 보기 드문 이미지와 예술적 형식들의 보고寶庫라는 깨달음이었다.

이처럼 낭만적 운동의 동기가 그 결과로 이어지는 과정은 낭만주의가 사회 대다수 사람들의 다양한 욕망을 예술적으로 표현하고자 했던 과정과 일치한다. 그것은 일종의 미적 혁명 또는 미학 혁명aesthetic revolution이라고 할 수 있는 것이다. 이것이 정치적 차원에 이르면 이른바 '민중people의 의지'를 표출하는 것이 되며, 정의의 진실을 단호히 묻는 저항의 소리와 혁명으로 산화할 가능성이 된다. 이런 의미에서 쇤베르그의 뮤지컬 「레미제라블」의 주제곡이 〈민중이 부르는 노래가 들리는가?Do you hear the people sing?〉인 것은 너무도 당연하다.

사랑, 망설임, 어색함

많은 사람의 다양한 욕망과 감정에 대해 열려 있는 낭만주의의 이런 포용성은 감상주의적 경향 역시 수용한다. 앞에서도 말했듯이 낭

만의 폭을 넓히면 종종 감상주의까지 포함한다. 적어도 사랑의 문제
에서는 그렇다.

감상적이든 낭만적이든 그 원천은 사랑이다. 노발리스Novalis와 함
께 독일 낭만주의 문학을 이끌었던 프리드리히 슐레겔K. W. Friedrich
Schlegel도 인간적 감정과 흥분의 "원천과 영혼은 사랑이다"라고 말한
다. 그리고 "사랑을 표현하고자 하는 정신은 낭만적 문학의 도처에 비
가시적이면서도 가시적으로 유동하고 있어야 한다"라고 강조한다. 그
러면서도 낭만성을 이렇게 규정한다. "감상적 소재를 환상적 형식으
로 서술하는 것이야말로 낭만적"이다.

슐레겔의 말은 설득력 있으며, 그 말이 문학뿐만 아니라 여러 예술
작업에 시사하는 바 또한 크다. 그것은 낭만주의 예술의 핵심 과제이
다. 감상적 소재를 환상적 형식으로 표현하면, 나아가 뛰어난 예술형
식으로 완성하면 그야말로 판타스틱할 것이다. 그러나 이 과제를 수
행하는 것은 결코 쉽지 않다. 아니 어마어마한 일이다. 때론 엄두가
안 난다. 이에 프랑스 낭만주의 문학을 이끌었고 문호文豪라는 칭호를
받았던 작가의 말이 따뜻한 조언이 될 듯싶다. "사람들이 연애소설들
에서 '눈길'이라는 말을 어찌나 많이 남용했는지 마침내 이 말의 신용
을 떨어뜨렸다. 두 인간의 눈이 서로 맞았기 때문에 그들이 사랑했다
고 감히 말하는 사람은 오늘날 거의 없다. 그렇지만 사람들이 사랑하
는 건 그와 같고, 오로지 그와 같을 뿐이다. 그 밖의 것은 그 밖의 것일
뿐이고, 뒤에 온다. 두 영혼이 그 번쩍거림을 교환함으로써 서로 주고

받는 그 큰 충격보다도 더 진정한 것은 아무것도 없다."

빅토르 위고는 감상적인 것과 상투적인 것의 가치를 잘 알고 있었다. 그것을 버릴 게 아니라 어떻게 예술적으로 수용하느냐가 중요하다는 것도 잘 알고 있었다. 그래서 그것을 예술적으로 승화하기 위해 고뇌했고 그에 맞는 형식을 찾아나갔다. 그의 『레미제라블』이 낭만주의 문학에서 큰 자리를 차지했던 것은 감상과 낭만의 소통과 갈등을 하나의 방대한 작품 안에 얼키설키 엮어놓았기 때문일 것이다. 그래서 그의 작품에는 일상에서 경험하는 청춘 남녀의 풋풋한 사랑과 그야말로 '소설 같은 삶'을 사는 한 위대한 인간의 숭엄함이 뒤얽혀 있는 것이다. 또한 한 개인의 차원에서도 연민의 정으로 가득하고 마음이 여려서 좀도둑이 된 감상적 범인凡人을 낭만적 영웅으로 만드는 과정으로 문학적 서사를 완성해나갔다.

김광석도 사랑을 많이 노래했다. 사랑을 노래하면서 유치하고 통속적이며 감상적이지 않을 수 있다면 그건 사랑에 빠진 것이 아니리라. 감상적 소재를 뛰어난 예술적 형식으로 창작해가는 것은 문학과 예술의 영원한 과제다. 낭만은 예술적으로 완성될 수 없고 그것은 낭만의 정체성도 아니다. 아니, 어찌 낭만에 정체라는 말을 붙일 수 있겠는가. 낭만주의 예술의 특징이 일정한 규칙과 형식을 고수하는 것이 아니라 그것을 창조하고 재창조해가는 과정 자체인 이유가 여기 있지 않겠는가.

김광석이 '남긴 글'들이 증거하듯 우리의 낭만가객도 이런 예술적

난제를 많이 고민했던 것 같다. 시와 가락의 결합으로 대중의 마음속을 파고드는 노래를 짓고 부르는 일을 진지하게 예술 영역으로 삼았던 가객이라면 그 고민은 당연한 것이었다. 김광석은 우선 자신의 '시와 음악세계 전체'를 감상과 낭만의 씨줄과 날줄로 엮어보려 했던 것 같다. 그의 음악 레퍼토리가 감상적 사랑의 노래와 함께 〈나의 노래〉, 〈일어나〉, 〈자유롭게〉 등 자유와 유토피아적 희망의 노래들로 구성되어 있는 것을 보면 말이다. 다시 말해 문제의 해결을 다양성에서 찾은 것 같다. 다양성의 추구가 또한 역사적 낭만주의의 특징임은 앞에서도 살펴보았다.

전기작가 이윤옥에 따르면 김광석은 음악의 형식적 측면에서 다양한 변화를 추구했다. 그의 마지막 공식 앨범인 「다시 부르기 2」(1995년 3월) 발표 이후 "김광석은 자신의 음악적 변화에 대한 고민을 드러낸다. 그가 기본적으로 담고 있는 음악적 내용은 여전히 유효하지만 형식적인 면에서 포크를 고집하지 않겠다는 것"이었다.

김광석은 당시 PC통신 나우누리 팬클럽 회원들의 '물어보기'에 다음과 같이 '답하기' 글을 올렸다고 한다. "음악을 구분하는 방법은 여러 가지, 〈사랑했지만〉, 〈거리에서〉 등등은 우리나라에서 1984년 전후로 유행한 발라드 계열이라 할 수 있겠네요. 포크의 정신을, 모던포크의 정신을 살린 곡은 〈일어나〉, 〈자유롭게〉 등 4집 속에 많이 있는 것은 사실이나 동물원 때나 1, 2, 3집 모두 포크 느낌은 들어 있습니다. 다만 음악은 포크만 하지는 않을 겁니다. 요즈음 들어 록적인 곡을 만들고 있죠. 포크록 얼터너티브, 슬라브, 컨트리 등등. 할 말, 곡의 내용에 따라 장르는 어떤 것이든 수용할 겁니다."

그러나 요절한 예술가들의 운명이 그렇듯 김광석에게도 시간은 아쉽게도 인생의 성과에 금을 그어버린다. 그가 음악활동을 계속했다면 우리는 예술형식의 다양함을 추구하는 그의 낭만성을 더욱 깊고 넓게 경험했으리라. 낭만적 욕구에 대한 호응의 다짐은 그의 유고 여기저기에 담겨 있다.

> "세상에서 가장 좋은 술안주는 어색함이라던 친구의 말처럼
> 내 삶 속에 남아 있는 모든 익숙함을 버리고 어색함이 필요하다.
> 세상 모든 일을 새롭게
> 세상 모든 일들을 신비롭게 살아가는 법.
> 내겐 어색함이 필요하다.
> 익숙해진 것 쉬운 것은 나를 잃게 하고 규정짓는 것
> 구분하는 것은 주위를 잃게 한다."

그는 물론 어색하게, 새롭게, 신비롭게 살아간다는 것이 쉽지 않음을 잘 안다. 그래서 일상에서도 한 가정의 가장으로서 "나만의 꿈이 아닌/조그맣고 소박한 가정이라는 꿈을 꾸기 위해/손을 내밀려고 한다". 우리가 흔히 잊고 있는 것이지만, 실연 같은 커다란 상실감만이 아니라 일상의 크고 작은 생활의 요구와 갈등하는 가운데서 삶의 모

낭만적 열정이란 무엇보다도 '틀 지워진 삶에 대한 저항'이다. 그 틀이 정치·사회 구조이든, 경제의 원리든, 미학적 원칙이든, 이 모든 것은 생명의 힘과 다양성을 제한하는 것이기 때문이다.

순을 체감하며 감상적이 되는 경우가 적지 않다. 김광석도 여기에서 예외는 아니며, 예술가의 감수성을 지닌 사람이라면 일상의 감상적 순간들을 더욱 깊게 경험한다고 짐작할 수 있다. 그러므로 자신이 가야 할 길에 나서면서도 망설임이 없을 수 없다.

그럼에도 그는 "어색함을 찾아야지／내 삶 속에 남아 있을 익숙함을 버리자"라고 다시금 다짐한다. 그는 이 유고에서 '어색함'이라는 단어를 통상적인 의미가 아닌 '매우 새로운 것'을 대하는 태도라는 뜻으로 쓰고 있는 듯하다. 다시 말해 익숙한 것과는 달리 너무 생소하고 이상해서 불편함을 느낄 정도의 새로움까지도 추구하고 있는 것이다. 이런 점에서 김광석의 새로운 예술적 창작에의 의지가 선연하다.

여기서 또 한 가지 주목할 점은, 그에게 낭만은 당시나 지금이나 '우리식 낭만'의 특성이라고 할 수 있는 회한이나 복고주의적인 것, 즉 과거 지향적인 것이 아니라는 점이다. 그의 낭만성은 미래를 향해 있다. 바로 이 점 때문에 그는 더 깊은 사색과 삶의 고민에 빠졌던 것 같다.

그의 고뇌는 노랫말과 창법에서 직감하듯 단순히 사랑의 아픔에 머무는 것이 아니라 감상적 비애와 낭만적 욕구 사이의 갈등에 더욱 깊이 자리한다. 김광석의 리리시즘Lyricism은 이 갈등을 조용히 은폐하는 역할을 한다는 의혹에서 자유롭지 못하다. 그의 서정성은 감상적인 것과 낭만적인 것 사이를 소요逍遙한다. 그러나 이 사색하는 소요객의 걸음걸이에는 달관한 자의 무심이 아니라 방황하는 자의 유심이 묻어 있다.

방황은 새로운 출발을 위한 준비운동이다. 김광석도 자기 노래의 깊이가 방황의 깊이에서 비롯한다고 고백한 적이 있다. 김광석이 낭만의 개념을 구체적으로 의식했든 안 했든 관계없이 사랑의 감상주의에 안주하려는 경향과 갈등하는 그의 낭만적 성향은 그가 살아 있었다면 창작과 표현이라는 예술 행위에서는 미래를 향해 성큼성큼 나아갔으리라 추측할 수 있다. 그런데 그는 또 다른 차원에서 '낭만적 고민'을 했던 것 같다. 이 고민은 그가 가수로 데뷔할 때부터 따라다녔던 것 같은데, 당시 우리나라의 시대적 상황 및 사회적 특성과 연관되는 것 같다. 이는 그의 또 다른 노래로 짐작해볼 수 있다.

낭만적 영웅이 사랑에 빠졌을 때

느낀 그대로를 말하고
생각한 그 길로만 움직이며
그 누가 뭐라 해도 돌아보지 않으며
내가 가고픈 그곳으로만 가려 했지
그리 길지 않은 나의 인생을
혼자 남겨진 거라 생각하며
누군가 손 내밀며 함께 가자 하여도
내가 가고픈 그곳으로만 고집했지

그러나 너를 알게 된 후, 사랑하게 된 후부터

나를 둘러싼 모든 것이 변해가네

나의 길을 가기보다 너와 머물고만 싶네

나를 둘러싼 모든 것이 변해가네

우 너무 쉽게 변해가네 우 너무 빨리 변해가네

우 너무 쉽게 변해가네 우 너무 빨리 변해가네

우 너무 쉽게 변해가네 우 너무 빨리 변해가네

우 너무 쉽게 변해가네 우 너무 빨리 변해가네

「동물원 1집」에 실렸던 이 노래 〈변해가네〉는 박기영이 불렀고, 지금도 '동물원' 멤버로 남아 있는 그는 콘서트에서 종종 이 노래를 부른다. 김광석은 이 노래를 자신의 「다시 부르기 2」에 실었다. 두 사람의 곡 해석은 많이 다르다. 전문용어로 설명할 수 있는 음악적 차이는 음악평론가들에게 맡기고, 나는 그들 사이의 좀 '수상쩍은' 차이를 살펴보고자 한다. 일단 박기영의 노래는 듣기 편하지만(어떤 평자는 "투박한 보컬이 듣기 편하고 서정적"이라고 했다), 김광석의 노래는 듣기가 그리 편치 않다. 그만큼 "우~~" 하며 그 '변화의 문제' 속으로 청자를 끌고 들어간다는 얘기다. 당신을 알게 되고 사랑하게 되면서 모든 게 변해서 행복해진다는 노래로 들리지가 않는다. 뭔가 특별한 의미의 심지가 있는 것 같다.

그리고 여기서도 후렴이 특별하다. "우 너무 쉽게 변해가네 / 우 너무 빨리 변해가네." 김광석은 이 후렴을 끝내지 않을 것만 같이 여러 번 반복한다. 박기영의 노래에서 몇 번 반복하는지 세어보고 비교해 보았을 정도다. 신도 악마도 디테일에 있다고, 김광석이 노래할 때 세어본 숫자는 상상의 한계를 미리 정하기 때문에 여기선 말하지 않겠다. 오히려 상징적으로 끝도 없이 반복한다고 해두자. '너에 대한 사랑'에 방점이 있다기보다, '모든 것이 변해가는 것'에 방점이 있다. 그래서 수상쩍다.

〈변해가네〉는 「다시 부르기 2」의 11곡 가운데 여덟 번째 트랙으로 실렸다. 이것은 이 노래가 김광석이 솔로로 생전에 내놓은 6개 음반 전체 노래 64곡의 마지막에서 세 번째 노래라는 뜻이다. 이것도 의미가 있는 것 같다. 「김광석-나의 노래 CD-DVD 박스 세트」를 처음부터 끝까지 쭉 모두 이어서 듣고 난 후 낭만성의 차원에서 내게 번뜩 든 생각은 이 노래가 '사랑에 빠진 낭만적 영웅'의 이야기라는 거다. 바꿔 말하면 낭만적 영웅이 이성과의 사랑을 알게 된 후 부르는 노래라는 말이다. 이 가설에 힘을 실어주려면 김광석의 삶에 대해 좀 더 살펴보아야 한다.

김광석이 1982년 대학에 입학하고, 대학연합동아리에 가입하면서 이른바 '민중가요'를 부르고, 1984년 '노래를 찾는 사람들'(노찾사) 1집에 참여하던 때는 잘 알려져 있다시피 군사독재 정권 아래에서 민주화운동이 거세게 일던 시기다. 당시 사회적 분위기에선 당연히 '참여 작가' 또는 '참여 예술인'이 삶의 의미이자 의무처럼 여겨지기도 했다. 당시 젊은이들의 정치·사회적 로망이었다고나 할까.

전기작가 이윤옥은 "사회의 구조적 모순을 깨달았다고 직접 뛰어들어 사회운동가가 되기에는 그의 감성은 너무 여리고 자유로웠다"라고 전한다. "김광석은 대학사회의 정치적·이념적 사상에 깊이 빠지기엔 한계가 있었다. 끝없이 자유를 추구하는 그의 음악가적 기질에 대해 사회의 이데올로기는 또 다른 제약으로 다가왔다. 사회현상을 인식하면 할수록 그는 적극적으로 저항하기보다는 자괴감에 빠졌다."

구자형은 1989년 김광석이 솔로 1집을 발표한 후 김광석과 만나 나눈 이야기를 전한다. 그때 김광석은 자기가 민중가요집단 '새벽'의 멤버였다는 것을 털어놓았다고 한다. "형, 내가 '새벽'에 있었고, '노찾사' 2집에서 〈광야에서〉와 〈솔아 솔아 푸르른 솔아〉를 부르기로 돼 있었는데, 난 아무래도 민중가요만 할 수 없다는 생각을 했어요. 그 이유는……." 그 이유는 개인의 삶과 사랑을 찾을 것인가 사회참여를 추구할 것인가에 관한 것이었고, 구자형은 이렇게 고뇌하는 광석의 아픔에 공감할 수 있었다고 한다. 구자형은 말한다. "민중가수는 미래의 역사 속으로 대중가수는 사랑의 역사 속으로 자신을 투신해야만 하는 것이다. 사랑은 결코 일부만 줄 수 없다. 그것은 완전한 것, 온전한 것, 전부 다를 요구하기 때문이다. 그래서 사랑도 진실도 노래도 그토록 무서운 것인지도 모른다."

사랑뿐만 아니라 미래를 위한 사회개혁의 참여도 온전한 투신을 요구한다. 폴 리쾨르Paul Ricoer가 우려했듯 공동체적 욕구가 정의의 이름으로 삶의 모든 차원을 그 안으로 환원할 때 그것은 걷잡을 수 없는 중력이 된다. 즉 '사회적 무게poids social'가 된다. 더구나 혁명에는 분업이 없다. 모두 전사가 되어야 한다.

민중가수인가 대중가수인가 하는 이분법적 구별을 전제로 한 사회의 요구는 예술인을 힘들게 한다. 김광석도 이런 요구 앞에서 예외가 아니었다. 이윤옥은 전한다. "일부 대중은 여전히 김광석과 안치환의 음악에서 사회적 의미를 찾으려 했던 때다. 〈녹두꽃〉을 부르던 김광석을 기억하는 이들은 그의 음악이 공동체에 머물기를 희망했다. 하지만 김광석은 행동양식에 변화를 요구하는 노래의 힘에 회의적이었다. 그는 자신의 노래에 그만한 힘이 있을 거라 자만하지 않았다. 그렇다고 해서 사회변혁적인 노래로 대중을 일깨우려는 다른 가수들의 노력를 무시한 것은 아니었다. 단지 생각할 거리를 주고 공감대를 형성할 수 있는 것으로 자신의 노래의 힘은 그 역할을 다한 것이라고 여겼을 뿐이었다." 따라서 김광석은 "굳이 민중가요와 대중가요를 구분하려 하지 않았다. 좋은 음악은 좋은 음악으로 받아들일 줄 알아야 한다는 것이 그의 생각이었다. 그에게 좋은 노래란 사는 이야기, 평범하고 솔직한 이야기였다. 김광석은 한때 대중성과 의미 있는 노래 사이에서 방황했던 적도 있다. 3집에 들어 그는 방황을 끝내고 삶의 이야기를 자신의 노래로 받아들였다."

그럼에도 사회의 요구, 공동체의 기대에서 완전히 자유롭기는 불가능하다. 그리고 개인의 삶에서 '일상의 타성'이란 것은 묘해서 김광석이 말했듯 "삶은 일정 부분 만족하며 아쉬워하며 살아가는 것"이라는 김광석도 사랑을 많이 노래했다. 사랑을 노래하면서 유치하고 통속적이며 감상적이지 않을 수 있다면 그건 사랑에 빠진 것이 아니리라. 감상적 소재를 뛰어난 예술적 형식으로 창작해가는 것은 문학과 예술의 영원한 과제다.

깨달음을 주기도 하지만, 다른 한편 그러한 타성의 의미에 대해 회의하고 성찰하게 하며 역설적으로 틀을 깨고 새로운 것을 추구하도록 하는 동기가 되기도 한다.

김광석이 콘서트에서 노래 사이사이에 이야기했던 '붕어의 에피소드'는 이 점을 잘 보여준다. "와인잔 안에 살던 붕어가 그 와인잔이 좁다고 느꼈던지 와인잔을 '땅!' 깨고 허공에 이렇게 떠 있는 빨간 붕어 그림입니다. [……] 그 붕어 그림을 보고 '나는 이 붕어처럼 내 틀을 벗어날 용기가 있던가' 가만히 생각해보니까 저는 없더군요. [……] 헌데 뭔가 새로운 거, 새로운 느낌, 새로운 경험, 새로운 상황은 지금 익숙한 그 틀을 벗어나면서부터 시작이 되지 않을까 하는 생각은 늘 가집니다. 붕어가 부러워요. 계속 부러워하다 보면 어떻게 될지 모르겠네요. 붕어가 부러워요."

붕어를 부러워하다 보면 언젠가 잔을 깨고 나올 때를 맞을 수도 있다. 탈출을 실행하지 못하더라도 그것을 꿈꿀 수 있다. 낭만이 꿈틀대는 것이다. 우리를 일상에 붙드는 것은 무엇보다도 인연, 곧 사람과의 관계이며 사람에 대한 사랑이다. 그런데 세상을 바꾸기 위한 사회참여든 예술가로서의 성공을 향한 길이든 자유 없이는 불가능하다. 인생의 로망, 소설 같은 삶을 사는 낭만적 영웅에게 자유는 의미 충만한 삶의 수단이자 목표이다. 그러나 이런 영웅도 사랑에 빠지면 행복함을 느끼면서도 자유의 훼손에 괴로워한다. 행복이 자유를 담보로 잡을 수 있다는 사실에 자신감을 상실하기도 한다.

"그리 길지 않은 나의 인생을/혼자 남겨진 거라 생각하며." 이건 영웅적 결연함의 전형이다. "그 누가 뭐라 해도 돌아보지 않으며/내가 가고픈 그곳으로만 가려 했지." 낭만적 열정 없이 이런 다짐은 가능하지 않다. "그러나 너를 알게 된 후/사랑하게 된 후부터 [……] 모든 것이 변해가네." 사랑은 블랙홀이다. 이건 낭만적 영웅의 비극적 순간이다. 정황을 파악하기 위해서라도 노래하지 않을 수 없다. 변해가는 것의 진실을 붙잡기 위해서라도 후렴을 끝없이 되뇔 수밖에 없다.

노래만 듣고 세운 가설적 의혹은 황당할 수 있지만, 이윤옥의 전기가 실마리를 주었고, 구자형이 이를 결정적으로 확인해주었다. "김광석은 울음을 꿀꺽 삼키고야 만다. 그가 꿈꾸는 세상에 대한 희망에 대한 의문 때문이었으리라. 노래가 세상을 바꿀 수 있다고 믿는 때가 있고, 노래가 세상을 바꿀 수 없다고 절망할 때가 있다. 그리고 노래가 언젠가는 세상을 바꿀 수 있다고 깨닫는 온건적이고 점진적인 진보주의자가 될 때가 있다. 그렇다면 이 노래는 무엇인가? 굳이 말한다면 〈변해가네〉는 혁명가가 사랑을 알게 된 그 이야기다. 결국 물거품이 되고야 말 한 시대를 위해서 살 것인가? 아니면 영원한 사랑을 위해서 살 것인가? 그것이 고민이었던 것이다."

그래도 낭만을 위하여

노래가 세상을 바꿀 수 있다고 믿건, 노래가 세상을 바꿀 수 없다고 절망하건, 이 모든 희망과 신념 그리고 절망과 포기에 전제되는 것이 있다. 그것은 한 시대에 세상을 바꾸기 위한 노래를 만드는 것이 옳은 것인지 묻는 일이다. 그것이 노래를 만드는 일, 곧 예술일 수 있는지 묻는 것이다. 혹자는 예술이 있고 혁명이 있는 것이지, 혁명이 있고 예술이 있는 것이 아니라고 주장한다. 혁명을 위한 예술은 이미 예술이 아니라는 말이다. 예술이 혁명을 일으킬 수는 있다. 그러나 혁명을 목표로 창작을 한다면, 예술의 자기훼손을 각오해야 한다. '예술을 위한 예술(Ars gratia artis/Art for art's sake)'이 탐미주의자들의 구호만은 아니라고 주장한다. 혹자는 이와 정반대 입장을 갖는다. 무엇을 '위하지 않는' 예술의 존재의미를 의심한다. 인간사회에 대한 예술의 공헌을 보고 느끼고 일상에서 실감하고 싶어한다.

그래서 구자형은 "이 노래는 들으면 들을수록 좋지만, 생각하면 생각할수록 광범위한 인류 발전사의 어떤 소용돌이 속에 휘말리게 될 우려가 매우 크니 이쯤하자"라고 한다. 그리고 보면 그가 〈변해가네〉를 들으며 김광석이 "마치 살점을 도려내듯, 내장을 토해내듯 노래한다"라고 느낀 것은 과장이 아니었다. 그러니 또한 김광석은 이 노래를 속으로 얼마나 아프게 불렀겠는가. 구자형은 동감한다. "어딘가 김광석의 분노가 피어나는 것 같다. 김광석은 기어코 싸움을 걸고야 만다. 하지만 싸움은 외부세계에 대해서가 아니다. 자신의 가슴에다 싸움을 거는 것이다. 그러니 이 전쟁은 김광석이 김광석을 이겨내야 하는 전쟁이다. 승자와 패자가 모두 김광석인 것이다. 하지만 김광석은 그걸

알면서도 끝없이 싸움을 건다. 그것은 극도의 이상주의자들, 축제주의자들의 몽상, 그 불꽃놀이인 것이다."

인류사의 소용돌이에 휘말리는 것이 조심스럽기는 하지만, 세상사의 어느 꼬투리 하나 그 소용돌이에 걸리지 않을 게 있겠는가. 낭만이 인간심성의 보편적인 것이라고 했으니 낭만의 꼬투리는 더 잘 말려들 것이 자명할 터, 한 발 더 내디뎌보자.

낭만주의는 본디 미학적 개념이고 예술사적 개념이라고 했다. 낭만주의의 본질은 예술적 완성을 위한 과정에 있다. 그러므로 낭만주의의 사회참여는 본질적으로 문학과 예술을 통한 참여다. 빅토르 위고의 소설 『레미제라블』 그 자체가 사회참여이고 혁명인 것이다. 그 안에서 우리는 코제트의 연인 마리우스와 그 동료들이 보여주는 혁명을 위한 목숨 건 투쟁을 '실감'한다. 거기서 우리는 혁명의 의미와 가치를 깨닫고 그 폐해까지도 경험한다. 바이런G. G. Byron과 횔덜린J. C. F. Hölderlin의 시작詩作 자체가 참여이고 혁명이다. 이는 베토벤L. van Beethoven의 음악이 그런 것과 마찬가지다.

물론 위고의 경우는 사회·정치적 차원에서 참여적 행동이 함께했다. 그러나 위고가 당시 사회뿐만 아니라 후대에까지 한 최고의 공헌은 장 발장이라는 불멸의 낭만적 영웅을 창조해냈다는 것이다. 바이런은 참여에 더 적극적이어서 그리스독립전쟁에도 참전했다. 하지만 질풍노도 같던 낭만주의의 물결은 문학과 예술의 대지에 깊고 넓은 '의미의 장강長江'을 이루어내는 것이었다. 실제로 대부분의 낭만주의 그의 서정성은 감상적인 것과 낭만적인 것 사이를 소요逍遙한다. 그러나 이 사색하는 소요객의 걸음걸이에는 달관한 자의 무심이 아니라 방황하는 자의 유심이 묻어 있다. 방황은 새로운 출발을 위한 준비운동이다.

작가와 예술가는 문학과 예술을 통해 삶에 미적 혁명을 일으켰다. 낭만주의의 혁명성은 무엇보다도 작품 속에서 살아 움직였다. 그렇기 때문에 지금도 우리는 그 작품 속에서 감동과 생동감 그리고 행동의 동기를 얻는다. 낭만주의 예술가들의 작품은 문화를 바꾸고 사회를 바꾸며 정치를 바꾼다. 예술을 위한 예술의 정신과 의지로 이루어낸 탁월한 작품에는 정치·사회적 변혁이 따라온다.

이러한 정신과 태도는 사실 낭만주의만의 속성은 아니다. 자유로운 학문과 예술 모두에 해당하는 것이다. 학자와 예술가는 자기의 길을 가야 한다는 것, 작품으로 말해야 한다는 것은 오래된 지혜이다. 토머스 모어Thomas More가 『유토피아Utopia』에서 이상국가를 여행하고 돌아왔다는 학자를 통해 말하고자 한 것도 바로 이 점이다. 정치참여의 요청을 받은 철학자는 말한다. "철학자들은 그 일을 못한다고 마다한 적이 없습니다. 사실 그들은 많은 책을 세상에 내놓고 있으니 말입니다. 나라를 다스리는 사람들이 조금만 주의 깊게 거기에 나타난 지혜들을 받아들이면 될 일입니다."

반대로 권력에 빌붙는 것을 참여의 이름으로 정당화하기도 한다. 자신의 권력에의 의지를 은밀히 실현하는 통로로 참여의 깃발을 내두르는 사람들도 적지 않다. 참여의 순수성은 의심받는다. 섣부른 참여는 하지 않는 것이 세상에 훨씬 도움이 된다. 김광석은 섣부른 참여를 당연히 거부했고, 자신을 통째로 투척할 수 있는 온전한 삶의 방식을 찾았다.

김광석은 참여의 방식을 '예술의 완성'을 위해 진지하고 치열하게 사는 것에 두었음이 분명하다. 그것은 이윤옥이 말했듯 "사회의 행동 양식에 변화를 요구하는 노래의 힘에 회의적"이었거나, "자신의 노래에 그만한 힘이 있을 거라 자만하지 않아서" 선택한 대안은 아니었다. 그보다는 자신의 예술세계, 즉 음악과 노래가 자신의 길이라는 근원적 인식이 확고해졌기 때문이다. 이 지난至難한 예술의 완성을 향한 길을 위해 그는 아파해야 했다. 그래서 그의 노래에는 핏기가 서려 있다.

김광석은 〈사랑했지만〉을 부를 때나, 이른바 민중가요라는 〈광야에서〉와 〈그루터기〉 그리고 〈녹두꽃〉과 〈타는 목마름으로〉를 부를 때나 동일하게 핏덩이를 입에 물고 노래한다. 네 노래 모두에 찬연하게 피의 노랫말들이 있다.

> "찢기는 가슴 안고 사라졌던 이 땅의 피울음 있다
> 부둥킨 두 팔에 솟아나는 하얀 옷의 핏줄기 있다"

> "하늘을 향해 벌린 푸른 가지와
> 췻소리로 엉켜 붙은 우리의 피가"

> "날이 갈수록 흡뜨는 거역의 눈동자에
> 핏발로 살아 열쇠소리 사라져"

"살아오는 저 푸르른 자유의 추억

되살아나는 끌려가던 벗들의 피 묻은 얼굴"

이 노래들을 부르는 목소리에 핏기가 없을 수 있겠는가. 가객의 입안 가득히 공명하는 피울음이 없을 수 있겠는가. 그러나 사랑타령 같은 노랫말과 곡조를 피울음으로 부르는 가객을 우리는 어디서 찾아볼수 있을까. 김광석의 노래는 신비롭기까지 하며 새로운 득도의 길을여는 듯하다. 가사는 감상적 사랑을 담고 있지만 가창은 낭만적 숭고를 응집한다. 개인적 감상을 보편적 감동의 숭고함으로 비상시키는것('사랑했지만'은 사랑의 인정과 회한을 넘어 인생에서 맞닥뜨리게 되는 모든 결과의 인정과 그 전복을 의미하는 '~했지만'이기도 하다), 감상과 낭만의 갈등을 포용으로 승화하는 것, 여기에 김광석의 낭만성이 있다. 사랑 노래를 피울음으로 부르는 혁명성, 여기에 그의 예술이 가져온 미적 혁명이 있다.

그가 살아 있었더라면 그의 많은 사랑 노래가 그 원래 가사와 곡조가 어떻든 계속해서 진화의 과정을 거쳤을 것이다. 그것은 김광석 예술세계의 충만함과 완성을 위한 과정이 되었을 것이다. 가객의 예술적 행보 때문에 그럴 수밖에 없다. 다 알다시피 그에게 라이브 공연은일상이었다. 매 콘서트마다 같은 곡이라도 해석과 가창이 달라질 수밖에 없다. 그 차이가 미세하든 크든 그건 중요하지 않다. 미세한 차이가 미적 혁명을 유도할 수도 있기 때문이다. 어느 한순간의 노래, 그것은 유일하며 동시에 전부인 것이다.

그의 전기에 실린 한 에피소드는 그의 또 다른 사랑 노래를 다시금 음미하게 한다. '마당세실극장'에서 있었던 공연이었다. 관객 중에는 휴가 나온 군인도 있었다.

> 군인이라는 신분이 주는 소외감과 김광석의 슬픈 노래들은 그의 감정을 무척이나 감상적으로 만들었다. [……] 그는 김광석의 노래를 들으며 울먹거렸다. 김광석이 신청곡을 받는다고 하니까 여기저기서 슬픈 노래 제목들이 쏟아져 나왔다. 그도 자신이 좋아하던 〈기다려줘〉를 목청껏 외쳤다. 하지만 김광석은 그런 노래들을 다 물리치고 〈나의 노래〉를 부르겠다고 했다. 김광석은 슬픈 노래를 선곡하지 않은 이유를 말했다.
> "사람들이 왜 이렇게 슬픈 노래를 좋아하는지 모르겠어요. 〈그날들〉만 해도 그래요. 왜 가사에 나오는 사람은 사랑하는 사람을 생각하고 바라볼 수 있는 것만으로도 기쁨을 느끼는지……."
> 김광석은 자신은 너무 감상적이고 애상적인 노래를 부르는 걸 좋아하지 않는다고 했다. 앞으로 슬픈 노래보다 〈나의 노래〉처럼 희망적인 노래를 부르겠노라 했다. 왠지 모를 상실감과 소외감에 우울해하던 그는 김광석이 들려준 〈나의 노래〉에서 희망적인 메시지를 발견했다.

이 에피소드를 읽고 나서 나도 모르게 입에서 한마디가 흘러나왔다. "김광석, 이런 엉거능측한 인간 같으니라고!" 그가 남을 배려하기 위해 능청을 잘 떤다는 것은 앞에서도 말했다. 그리고 〈기다려줘〉 역시 애원의 노래로 애절하게 부를 수도 있고, 1장에서 보았듯 경쾌하게 장난기까지 발동하며 부를 수도 있다. 어떻게 부르느냐에 따라 감상적 사랑 노래가 되기도 하고 다양한 의미의 켜를 가진 낭만적 노래가 되기도 한다.

무엇보다도 김광석은 야지랑스럽게 자신의 노래 〈그날들〉을 자아비판하고 있지만, 이 노래를 부를 때야말로—그 원래 노랫말이 어떻게 쓰여 있든—김광석식 곡 해석의 극치를 보여주면서 사랑 노래를 거반 종교적 경건함으로까지 몰고 가지 않았던가.

그대를 생각하는 것만으로
그대를 바라볼 수 있는 것만으로
그대의 음성을 듣는 것만으로도
기쁨을 느낄 수 있었던 그날들

그대는 기억조차 못하겠지만
이렇듯 소식조차 알 수 없지만
그대의 이름을 부르는 것만으로도
눈물이 흐르곤 했었던 그날들

잊어야 한다면 잊혀지면 좋겠어

부질없는 아픔과 이별할 수 있도록

잊어야 한다면 잊혀지면 좋겠어

다시 돌아올 수 없는 그대를

[……]

그렇듯 사랑했던 것만으로

그렇듯 아파해야 했던 것만으로

그 추억 속에서 침묵해야만 하는

다시 돌아올 수 없는 그날들

한 라이브 영상에서 김광석은 마치 돌부처처럼 아무 감흥 없이 노래를 시작하는 듯 보인다. 그러다가 노래의 두 기둥과도 같은 노랫말 "그대를"과 "그날들"을 부를 때는 목의 모든 혈관으로부터 분출하는 핏줄기를 입안 가득 받아 핏덩이로 응축해 소리를 싣는다. 그의 고개가 위를 향해 젖혀지는 순간 그 소리는 '그대'를 지상에서 천상으로까지 밀고 간다. 이제 '그대'는 이 땅에서 만난 그 누구가 아니라 천상에 있는 그 누구이다. "그대의 음성을 듣는 것만으로도 / 그대의 이름을 부르는 것만으로도" '그날들'의 환희와 비애가 교차한다. 사랑 이야기가 종교적 숭고를 획득하는 순간이다. 애상곡이 진혼곡이 되는 순간이다.

감상적 소재를 환상적 형식으로 서술하는 것이야말로 낭만적이라던 슐레겔의 말이 맞는다면, 사회참여의 진정한 길을 '예술의 완성'에 두고 감상적 소재를 그 특유의 예술적 형식에 담아냈던 김광석은 낭만성의 오롯한 실천자다.

이 노래를 듣던 팬이 이렇게 감상 댓글을 달았다. "어떻게 이런 이율배반적인 보컬이 있을 수가 있지?" 그럴 수밖에! 사랑 노래를 혈구가 된 소리로 부르고 있으니 말이다. 이런 이율배반적 가창은 사랑 이야기가 존재의 의미를 획득하도록 하고, 사랑타령을 우주의 소리로 만들어버린다. 댓글의 주인공은 이율배반적 연주에 더욱 주목한다. "담담하면서도 저릴 정도의 감흥이 있고, 취한 듯이 박자를 놓아버리면서도 어느샌가 칼같이 노래를 잡아가고, 아니 어떤 수식어가 필요 있을까?" 그렇다. 이 라이브에서의 김광석은 모창이 불가능하다.

나는 〈그날들〉을 김광석 2집 최고의 절창이자, 김광석 레퍼토리의 최고 절창으로 꼽을 만하다고 느꼈는데, 이를 원용민 평론가가 확인해주었다. "이 음반에서 김광석을 유명해지게 한 것은 첫 트랙 〈사랑했지만〉이지만 필자 개인적으로는 〈그날들〉을 이 음반의 백미로 꼽고 싶다. [……] 들으면 들을수록 의미를 곱씹게 하는 노랫말이 김광석의 애절한 보컬과 절묘하게 어우러지는 명곡, 김광석의 많은 노래가 그렇듯 모노톤으로 다가서는 이 노래는 김광석이 아닌 그 어느 누구도 이렇게 절묘한 해석을 해낼 수 없을 거라는 생각이 들게 하는 작품이다."

김광석은 이 노래를 〈사랑했지만〉과 함께 「다시 부르기 1」에서 다

개인적 감상을 보편적 감동의 숭고함으로 비상시키는 것……, 감상과 낭만의 갈등을 포옹으로 승화하는 것, 여기에 김광석의 낭만성이 있다. 사랑 노래를 피울음으로 부르는 혁명성, 여기에 그의 예술이 가져온 미적 혁명이 있다.

시 불렀다. 본인도 이 노래의 가치와 의미를 확실히 인식하고 있었던 것 같다. 이 두 노래에서 김광석은 실연을 노래하는 데 머물지 않고 '아픔' 그 자체를 노래하려고 했다. 아도르노T. W. Adorno가 그랬던가. "고통을 명백히 들추어내고자 하는 필요성이 모든 진실의 조건이다" 라고. 바로 이 점에서 그의 사랑 노래는 편협한 감상주의에 머물지 않고 우리 삶을 위한 보편적 가치를 획득하고자 나아간다.

음악평론가 김경진은 "그가 동경하는 낭만적 세계는 나의 희망이 되고 낯설기만 한 그의 자유는 내 설렘이 되고 그의 흥은 나를 들뜨게 한다"라고 말하며 김광석의 모든 음반을 총평한다. "저마다 아름다운 향기와 색깔을 지닌 여섯 장의 정규 스튜디오 앨범들에는 [……] 높은 음악적 평가와 대중들의 사랑을 받아온 작품들이 고루 포진되어 있다. 물론 김광석은 몇몇 히트곡만으로 평가되는 가수가 아니다. 그는 늘 음악과 삶에 대해 치열하게 고민하고, 거칠거나 정돈된 철학적 사색을 담아낸 노래를 통해, 공연장의 무대 위에서 대중들과 호흡해왔다."

고대 철학자 헤라클레이토스는 "신탁의 주재자는 말하지도 않고, 감추지도 않고, 신호를 보낼 뿐이다"라는 말을 남겼다. 그 신호를 해석하는 일은 신탁을 청한 사람의 몫이다. 라이브 공연으로 매번 재창조되었던 김광석의 노래는 그 풍부한 의미의 켜들로 인해 신탁의 신호를 포착해서 해석하듯 대해야 한다는 생각이 들었다. 그의 노래처럼 노래 사이에 있는 '이야기'들에서도 그는 말하지도 않고, 감추지도 않고, 신호를 보낼 뿐임을 새삼 깨닫는다. 신호를 포착하기 위해서는 나를 비워야 한다. 그리고 그의 노래를 천진하게 들어야 한다. 그러면 그가 물구나무선 세상을 동요처럼 경쾌히 노래한 〈두 바퀴로 가는 자동차〉의 말하지도 않고 감추지도 않고 보내는 신호도 포착해서 흥미로운 해석을 함께 나눌 수 있을 것 같다.

두 바퀴로 가는 자동차 네 바퀴로 가는 자전거
물속으로 나는 비행기 하늘로 나는 돛단배
복잡하고 아리송한 세상 위로 오늘도 애드벌룬 떠 있건만
포수에게 잡혀 온 잉어만이 한숨을 내쉰다……

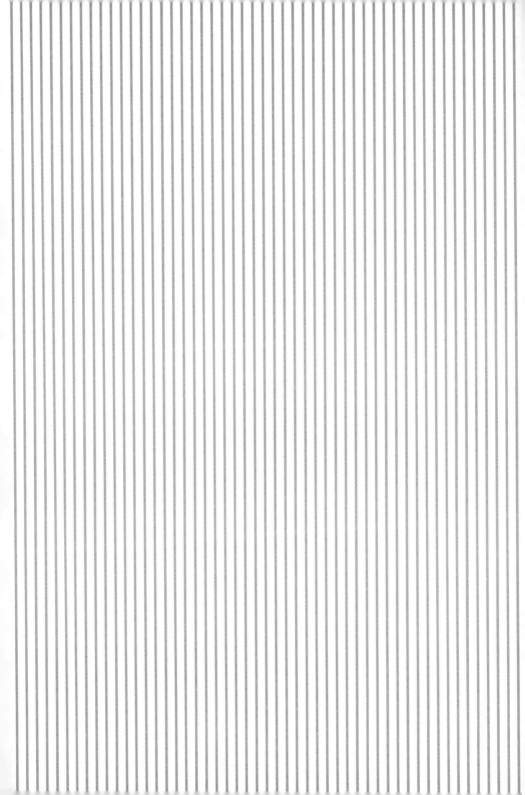

지금 여기
있고도 없는
'물구나무선
세상'

Chapter 5

No-where
Now-here

우리는 노래를 들을 때 종종 눈을 감고 듣는다. 이때 동일한 곡조와 가사
라도 그 의미는 달라지며 듣는 사람은 수수께끼와 미스터리의 세계로
들어선다. '복잡하고 아리송한 세상 위로' 두둥실 비상하기도 한다.

…… 남자처럼 머리 깎은 여자 여자처럼 머리 긴 남자

가방 없이 학교 가는 아이 비 오는 날 신문 파는 애

복잡하고 아리송한 세상 위로 오늘도 애드벌룬 떠 있건만

태공에게 잡혀 온 참새만이 긴 숨을 내쉰다

한여름에 털장갑 장수 한겨울에 수영복 장수

번개 소리에 기절하는 남자 천둥소리에 하품하는 여자

복잡하고 아리송한 세상 위로 오늘도 애드벌룬 떠 있건만

독사에게 잡혀 온 땅꾼만이 긴 혀를 내두른다.

『김광석 부치지 않은 편지』의 편저자 문제훈에 따르면, 한때 지하

세계로만 떠돌다 1987년 6·29 선언 이후 세상 밖으로 나온 「금지곡 모음집」이라는 음반이 있었는데, 여기에 이 노래가 서유석의 목소리로 담겨 있었다고 한다. 원래 이 노래는 밥 딜런Bob Dylan의 곡Don't Think Twice, It's All Right을 양병집이 〈역〉이란 제목의 노래로 개사해서 다시 부른 것이었는데, 무슨 이유인지(문제훈은 '사람 헷갈리게' 해서 아니면 '삐딱하고 반항적인 가사' 때문 아닐까 하고 추측한다) 금지곡 음반에 실리게 되었던 것이다.

오늘 우리는 김광석이 1995년 6월 29일 KMTV 슈퍼 콘서트에서 〈두 바퀴로 가는 자동차〉라는 제목의 이 노래를 부를 때의 모습을 인터넷과 「김광석 라이브Live」 DVD에서 다시 볼 수 있다. 그날은 삼풍백화점이 붕괴된 날로 한반도에서 일어났던 '참사의 역사'에 기록되어 있다. 김광석도 콘서트장에 오는 길에 사고 소식을 들어 알고 있었다.

그는 노래를 시작하기 전에 두 가지를 말한다. "계속 처지는 노래만 불렀더니 표정들이 좀 안 좋으시군요"라면서 이제 경쾌한 노래를 부를 것임을 암시한다. 또한 "사실 상식적이 아닌 것이 상식화되어가는 그런 모습이 많습니다. 주변에……"라고 말하면서 "오늘 뭐 또 비상식적인 일이 벌어졌더라고요. 삼풍백화점이 무너졌다고 [……] 참 황당한 일이 많이 벌어져서 마음이 좀 붕 뜨는 것 같습니다"라고 자신이 부를 노래 〈두 바퀴로 가는 자동차〉가 이러한 상황을 빗댄 것처럼 애매모호한 표정으로 묘한 웃음을 짓고는 노래를 시작한다. 문제훈도

"비상식적인 일들이 상식화되어가는 현실을 걱정하며 그는 이 곡을 부른다."라고 전한다. 즉 건물 붕괴의 "피해자들이 무사하기를, 많이 다치지 않기를 바라는" 김광석의 마음을 언급한다.

그런데 수백 명이 압사한 대형 참사 앞에서 김광석의 태도는 '이해하기 힘든' 구석이 있어 보인다. 그가 한 말의 의미도 그렇고 상황에 걸맞지 않게 그가 흘리는 웃음도 그렇다. 그리고 무엇이 상식적인 것이고 무엇이 비상식적인 것인지 명쾌하게 구분하기도 쉽지 않아 보인다. 무엇보다도 그가 '처지는 노래'가 아닌 경쾌한 풍의 노래를 부르겠다고 한 점이 흥미롭다. 실제로 김광석은 〈두 바퀴로 가는 자동차〉를 미소 지으며 시작하고 처진 청중의 기분을 쾌활하게 살려준다는 의도로 마치 아이들이 동요童謠를 부르듯 노래한다.

양병집이 〈역〉을 불렀을 때는 그의 앨범 제목('넋두리')처럼 매우 시니컬하게 세태를 비꼬는 기분이 전해졌다. 그러나 김광석은 어느 인터뷰에서 노래를 부를 때마다 곡에 대한 느낌이 달라진다고 말했는데, 그가 이 노래를 한창 부를 때는 우선 '아! 재밌다' 하는 느낌이었다는 것이다. 특히 가사가 전복顚覆과 전도된 표현으로 되어 있어 그랬다는 것이다. 사실 이 노랫말을 읽다 보면 '물구나무선 세상'이 그려진다. 그것도 아주 복합적인 의미에서 말이다.

노래는 미스터리다. 특히 팝송이나 가요가 사람의 감정을 직접적으로 전달할 것 같지만, 그렇지 않다. 노래는 곡조曲調이자 시어詩語이기 때문이다. 부르는 사람도 부를 때마다 느낌이 달라지지만, 듣는 사람

동화의 주인공은 실제 삶과는 전혀 다른 용기와 술수로 악마와 마녀까지 속일 수 있다. [……] 동화 속에서는 교활한 악마도 사기를 당하기 일쑤다. 동화속 주인공은 한여름에도 큰돈을 받고 악마에게 털장갑을 팔 수 있으며 한겨울에도 마녀에게 비키니 수영복을 전혀 깎아주지 않고 팔아 큰 이익을 남길 수 있다.

도 들을 때마다 느낌이 달라진다. 그러므로 노래는 다양한 해석과 소통의 가능성으로 가득한 미스터리다. 서구어 미스터리mystery가 '눈을 감다myein'라는 어원에서 유래했다는 사실은 이것이 음악과 노래와 연관될 때 더욱 의미 있어 보인다. 우리는 노래를 들을 때 종종 눈을 감고 들을 때가 있기 때문이다. 이때 동일한 곡조와 가사라도 그 의미는 달라지며 듣는 사람은 수수께끼와 미스터리의 세계로 들어선다. "복잡하고 아리송한 세상 위로" 두둥실 비상하기도 한다. 노래를 듣고 나면 '노래의 의미'는 더욱 신선한 수수께끼가 된다. 이 장에서는 바로 이런 수수께끼와 함께 어울려보려 한다.

동요童謠의 꿈

노래의 미스터리를 풀어보기 위한 실마리는 구자형이 『김광석 포에버』의 프롤로그에서 던진 한마디에서 찾을 수 있다. 구자형은 이미 저세상 사람이지만 마치 자기 앞에 앉아 노래하기 위해 기타 줄을 고르고 있는 듯한 김광석에게 말한다. "아프거든 웃지 않아도 돼, 노래하지 않아도 돼!" 구자형은 김광석이 한국 모던포크의 살아 있는 전설로 성장하는 과정을 지켜보며 그의 노래를 '슬픔의 노래'로 여겼으나, 그를 보낸 후 '아픔의 노래'로 받아들이게 되었다고 한다. 이것은 무엇을 말하는가? 김광석은 아플 때 오히려 미소 짓고 웃으며 농을 걸고 노래했던 것이다!

그가 부르는 노래의 노랫말만 전복적인 것이 아니라, 가객歌客으로서 세상과 사람을 대하는 그의 자세 또한 종종 전복적이었다. 비상식이 상식의 부정이라면, '네 바퀴로 **제대로** 가는 자동차'는 상식이며, '네 바퀴로 제대로 가지 못하는 자동차'가 비상식이다. 사람들은 네 바퀴로 된 자동차를 만들지만, 그것이 제대로 작동하지 않으면 사고를 낸다. 중력의 법칙에 따라 상식적으로 건물을 지어야 하지만, 그 법칙이 요구하는 모든 요소를 제대로 고려하지 않으면 상식적인 것 같은 건물이 비상식적 참사를 불러온다. 그래서 현실은 참담해지고 사람들은 다른 세상을 꿈꾸고 갈망한다. 즉 상식의 기만을 벗어나고자 한다.

삼풍백화점은 비상식적 사상누각沙上樓閣이 아니라 단단한 기초 위에 철근과 콘크리트로 지어져 쉽게 무너질 수 없는, 무너져서는 안 되는 상식적인 건물이었다. 그런데 비상식적으로 무너졌다. 이런 세상에서 사람들은 '춤추는 사상누각'을 꿈꾸게 된다. 기초가 유동적이라 할지라도 그 위에서 춤추듯 유동적으로 버텨낼 수 있는 '초상식적' 누각의 꿈 말이다. 두 바퀴로 가는 자동차도, 물속으로 나는 비행기도, 하늘로 나는 돛단배도 모두 상식과 비상식이 상호 기만하는 세상 위로 떠 있는 상상의 애드벌룬에서 나온 초상식적 꿈의 산물이다.

에른스트 블로흐Ernst Bloch가 열렬히 주장했던 것처럼 유토피아의 꿈은 우리의 삶 곳곳에 편재遍在한다. 그것은 어떤 문화권에나 있는, '옛날 옛적에'로 시작하는 아이들을 위한 이야기 속에도 있다. 블로흐는 동화야말로 인간의 갈망을 가장 진솔하게 드러내는 문학적 장르가 아닐 수 없다고 한다. "동화 속에서는 재단사도 얼마든지 왕이 될 수 있다. 그는 아무런 터부 없이 모든 힘세고 거대한 적들을 물리치는 왕이 된다." 동화 속에는 우리의 일상에서 지금까지 한 번도 본 적이 없는 진기한 물건들이 등장한다. 한걸음에 수만 마일을 갈 수 있는 신발, 나르는 양탄자, 황금똥을 싸주는 당나귀, 손으로 탁 치기만 하면 계속 맛난 음식을 차려놓는 마술탁자, 핍박받던 신데렐라를 왕궁으로 데려다줄 호박의 속살만큼이나 노란 황금마차, 천리 밖 세상을 볼 수 있는 수정구슬, 그리고 무슨 소원이든 다 들어주는 마술램프…… 그 리스트는 끝이 없다. 알라딘 램프의 정령은 세 가지 소원밖에 들어주지 못하지만, 램프의 주인은 계속 바뀔 수 있으므로 소원성취의 이야기는 끝이 없다. 블로흐가 말하듯 동화에 등장하는 이런 내용은 "가장 짧은 길로 목표에 도달하게 하는 순수한 갈망의 수단, 즉 순수한 '왕도via regia'이다. 자연법칙은 동화 바깥, 즉 실제 현실에서 이러한 가능성을 용납하지 않는다".

동화가 놀랍고도 기상천외한 내용을 담고 있듯 동화의 주인공은 어려움을 극복하는 과정에서도 그만큼 탁월한 능력을 발휘한다. 동화의 주인공은 실제 삶과는 전혀 다른 용기와 술수로 악마와 마녀까지 속일 수 있다. 동화 속에서는 주인공이 "어리석은 악마의 핵심을 찌르고" 있기 때문이다. 블로흐가 여러 가지 예를 들었듯 동화 속에서는 교활한 악마도 사기를 당하기 일쑤다. 동화 속 주인공은 한여름에도 큰돈을 받고 악마에게 털장갑을 팔 수 있으며 한겨울에도 마녀에게 비키니 수영복을 전혀 깎아주지 않고 팔아 큰 이익을 남길 수 있다.

블로흐는 "발명의 영역에서 사람들은 지금까지 한 번도 출현하지 않은 모든 것을 꿈꾸었다"라고 단언한다. 그러므로 "지금까지 전해 내려오는 동화는 무엇보다도 과학기술에 대한 갈망의 상을 상세하게 기술하였다. 스스로 옷을 깁는 바늘 한 개, 혼자 힘으로 음식을 조리하는 냄비 등에 관한 동화를 생각해보라. 동화 속 발명품들은 기이한 것들이지만, 놀랍기 그지없다". 동화작가는 도저히 불가능해 보이는 것, 또한 불가능하게 조립된 것 등을 이런 식으로 유희적으로 창조했다. 두 바퀴로 가는 자동차도, 하늘을 나는 돛단배도 동화적 상상력과 갈망의 결과이다.

김광석이 〈두 바퀴로 가는 자동차〉를 ─ 심각한 주변 상황에도 불구하고 ─ 마치 아이들이 동요를 부르듯 노래한 것은 참담한 현실을 동화적 유희의 정신으로 극복하고자 한 것이다. 모든 게 아프니까 그저 즐겁게 놀고 장난치고 노래할 수밖에 없었던 것이다. 역설적이지만, 현실을 극복하고 더 나은 삶을 위해 나아가는 꿈은 유희적으로 창조된다. 우리는 꿈을 심각하게 꿀 수 없다. 그렇게 꾸자고 하면 악몽이 되리라. 김광석도 "우리들은 늘 꿈을 꾸면서 살아갑니다. 그 꿈이 실현 가능한 것도 있고 전혀 황당한 것일 수도 있지만요. 꿈을 꾸는 사람의 얼굴, 저는 언제나 그 얼굴이 되고 싶습니다"라고 말한 적이 있다. 더욱이 꿈의 메타포가 담긴 노래는 어른이 불러도 동심을 벗어나지 않는다. 어른가객의 동요가 될 뿐이다.

김광석은 사랑 노래에서도(앞의 제3장에서 보았듯이) 동화적 상상을 살려 유희하듯 노래한다. '너에게' 자신의 꿈을 살짝 보여주며 마음을 떠본다. 그 꿈은 "조각구름과 빛나는 별들이 끝없이 펼쳐 있는 하늘"과 "국화와 장미, 예쁜 사루비아가 끝없이 피어 있는" 정원으로 은유된다. 꿈의 정원은 네게 언제나 열려 있고 그곳의 향기는 너를 부르고 있다. 그러고는 마치 소꿉장난하는 아이처럼 네가 내 꿈을 함께 나누고자 한다면 소박하지만 진솔한 보상이 있음을 넌지시 전한다. "나의 어릴 적 내 꿈만큼이나/아름다운 가을 하늘이랑/오호~ 네가 그것들과 손잡고/고요한 달빛으로 내게 오면/내 여린 맘으로 피워낸/나의 사랑을 너에게 꺾어줄게." 꿈을 진솔하게 나누는 일, 그것은 갈망의 유토피아에 놀이처럼 깔려 있는 유희적 본질이다.

희망의 가면무도회

4장에서 김광석의 음악세계가 서정적이고 감상적인 차원을 포용하면서도 그만의 독특한 낭만성을 이루어간다는 가설을 제시하고, 그에 대한 일차적 접근으로서 김광석이 자신의 '시와 음악세계'를 감상과 낭만의 씨줄과 날줄로 엮어보려 했다는 해석을 내놓은 바 있다. 즉 문제의 해결을 낭만주의의 특징인 다양성 추구에서 찾고 있었음을 살펴보았다. 그러므로 그의 레퍼토리는 감상적 사랑의 노래와 함께 자유와 유토피아적 희망의 노래들로 다양하게 구성되어 있다고 보았다. 이는 개인의 이해관계와 공동체적 관심 사이의 소통과 화합의 의미를 내포한다.

이것은 사랑의 차원에서도 김광석이 '개인적 사랑에 빠짐'에서 '타인들을 위한 사랑하기'로 눈을 돌리는 과정과 조응照應한다. 사랑의 노래를 부를 때도 그는 사랑의 회한에 어쩌지 못하는 연인에 머무는 게 아니라 차분히 사랑의 시선을 더 넓고 깊은 곳으로 돌리는 존재가 된다. 즉 그는 자신의 아픔만이 아니라 모든 타자의 아픔을 위해 슬퍼하고, 냉혹한 시간이 우리 삶에 남긴 상흔을 위로하고자 한다. 바로 이런 점 때문에 우리는 김광석의 레퍼토리를 다시금 뒤적이며 그의 노래를 새로운 관심으로 다시 들어보곤 한다.

> 난 책을 접어놓으며 창문을 열어
> 흐린 가을 하늘에 편지를 써
> 잊혀져간 꿈들을 다시 만나고파
> 흐린 가을 하늘에 편지를 써

앞서 2장에서 살펴본 노래 〈흐린 가을 하늘에 편지를 써〉의 한 소절이다. 꿈들은 실현되지 않고 잊혀져간다. 황금시대가 실현된 '현재'는 한 번도 존재하지 않았다. 그렇기 때문에 우리는 꿈을 접을 수가 없다. 유대 속담에 "불을 찾고 싶은가? 그렇다면 재를 뒤져라!"라는 말

그의 노래는 분노의 기운이 서린 저항의 얼굴에 '희망의 가면'을 씌우는 마력을 지녔다. 희망의 가면이라고? 혹자는 이 말에 마음이 상했을지 모른다. [……] 물론 희망이 단념을 안다면 그것은 이미 희망이 아니며, 성공을 사랑하지 않는다면 희망에는 의지가 들어갈 틈이 없다. 하지만 희망은 우리가 '앞에 내세우는' 의지의 표현이다. 가면처럼 우리의 본모습 그 앞에 있다.

이 있다. 그렇다. 재 속에는 희망으로 품었으나 잊혀가 아직 실현되지 않은 '불'을 꿈꾸는 '불씨'가 있을 것이기 때문이다.

김광석이 1980년대에 불렀던 노래 가운데 김지하 시인의 시를 노랫말로 한 〈녹두꽃〉이 있다. 구자형의 기록에 따르면, 김광석은 당시 이 노래를 탁월한 가창력으로 불러 자신의 존재를 강력히 부각했다고 한다. 〈녹두꽃〉은 사회참여 의식이 강하게 배어 있는 노래다.

빈손 가득히 움켜쥔 햇살에 살아
벽에도 쇠창살에도 노을로 붉게 살아
타네 불타네 깊은 밤 넋 속의 깊고 깊은
상처에 살아 모질수록 매질 아래

날이 갈수록 홉뜨는 거역의 눈동자에
핏발로 살아 열쇠소리 사라져버린 밤 끝없고

끝없이 혀는 잘리어 굳고 굳은 벽 속에
마지막 통곡으로 살아 타네 불타네
녹두꽃이 타네 별 푸른 시구문 아래 목 베어
햇불 아래 햇불이여 그슬려라 하늘을 온 세상을

번득이는 총검 아래 비웃음 아래

너희 나를 육시토록 끝끝내 살아

이 저항의 시가 김광석의 잔잔하면서도 호소력 깊은 목소리에 실리면 저항을 넘어 희망을 부르는 노래가 된다. 1987년 '노찾사' 첫 공연 무대에 선 스물세 살의 김광석은 마치 학예회에 나온 열다섯 살 소년 같아 보였다. 세상이 두려운 듯 생소한 듯 거의 차려 자세로 피아노 반주에 맞춰 노래를 부르는 청순한 소년, 하지만 주위 상황에 미동도 하지 않는 굳건함으로 저항의 길이 도달해야 할 희망을 노래하고 있었다. 그의 노래는 분노의 기운이 서린 저항의 얼굴에 '희망의 가면'을 씌우는 마력을 지녔다.

희망이 가면이라고? 혹자는 이 말에 마음이 상했을지 모른다. 희망의 원리뿐만 아니라 희망의 의지를 열정적으로 전도했던 에른스트 블로흐라면 더욱 그랬을 것이다. 블로흐는 "문제는 희망을 배우는 일이다. 희망의 행위는 체념과 단념을 모르며, 실패보다는 성공을 더욱 사랑한다"라고 열변을 토했다. 물론 희망이 단념을 안다면 그것은 이미 희망이 아니며, 성공을 사랑하지 않는다면 희망에는 의지가 들어갈 틈이 없다. 하지만 희망은 우리가 '앞에 내세우는' 의지의 표현이다. 가면처럼 우리의 본모습 그 앞에 있다. 그러나 우리 본모습에는 저항도 있고 망설임도 있으며, 무엇보다 절망도 있다. 희망이 소중한 것은 이 모든 것의 앞에 내세울 수 있는 의지의 가면을 제공하기 때문이다.

희망의 이 미묘한 속성은 고대 신화에도 담겨 있다. 제우스는 하늘에서 불을 가져다가 인간에게 준 프로메테우스와 그의 동생 에피메테우스를 벌하기 위해 판도라Pandora를 지상에 보내며 모든 재앙의 요정들이 담긴 상자를 딸려 보냈다. 희망의 요정도 그 안에 들어가 있었다. 호기심 가득한 판도라가 상자를 열었을 때 요정들은 모두 상자를 빠져나왔다. 놀란 판도라가 급히 상자를 닫았는데, 상자 안에서 이런 소리가 들렸다. "제발 저도 내보내주세요. 당신에게 삶의 기운과 달콤함을 드릴게요." 판도라는 망설이다, 마지막 남은 요정이 하도 간절히 애원하기도 했고 그의 말에 솔깃하기도 해서 상자를 열어 그마저 놓아주었다. 그래서 희망의 요정은 세상에 나오게 되었다.

희망의 요정은 원래 다른 재앙의 요정들과 어울리면서도 구별되는 모호한 매력을 지니고 있었다. 만일 그때 판도라가 마음 독하게 먹고 그를 내보내지 않았더라면, 인간은 이 세상의 삶을 덜 애태우면서 살 수 있었으리라. 희망만큼 사람들에게 삶의 활력을 주는 것도 없지만 희망만큼 우리를 애타게 하는 것도 없기 때문이다.

수많은 여행과 모험의 경험으로 세상을 꿰뚫어 볼 줄 알았던 카사노바G. Casanova는 삶의 고통에서 벗어나고자 희망하는 인간에 대해 이렇게 말했다. "고통은 인간본성에 내재하는 것이다. 하지만 인간은 고통으로부터 벗어날 수 있다는 희망 없이 괴로워하지는 않는다. 아니 적어도 그런 희망이 있기 때문에 괴로워한다." 이 역설적인 말은 단순히 고뇌하는 인간을 조롱하는 것이 아니다. 이는 고통을 줄여나갈 줄 아는 인간에 대한 기대의 표시이며, 희로애락의 인간사에서 즐거움의 가능성을 보는 태도다. 그래서 카사노바는 "희망이 쾌락이다"라고 말했다.

희망은 참 묘한 것이다. 희망이 없다면 삶의 의욕을 상실하기 쉽겠지만, 희망은 곧잘 이루지 못한 꿈의 안타까움으로 남기 때문이다. 희망은 판도라의 상자에 마지막까지 남아 있던 것이고, 마지막으로 세상에 나와서 그 묘한 매력을 발휘하는 '미워할 수 없는 심술의 요정'이다. 그래서 희망은 그 자체의 힘보다 사실 '부정하는 힘'으로 작용할 때 그 진가를 발휘한다. 즉 절망의 부정어가 될 때, 희망이란 말과 그 말로 하는 다짐의 의미와 효과는 빛을 발한다. 이런 의미에서도 희망은 '부정변증적 가면'이다. 절망과의 상호 변증적 관계에서 절망을 없애지는 못하지만 절망이 삶을 지배하지 못하도록 부정하며 우리 삶을 감싸기 때문이다.

이런 의미에서 김광석의 노래에서 발견하는 희망의 증거는 훨씬 더 절제적이다. 그는 희망을 노래하지만 우리의 삶이 일상에서 수많은 절망과 저힝의 좌절을 겪는다는 것을 잘 안다. 실제로 우리 삶은 다양한 희망의 가면무도회로 이루어졌음을 터득한 듯하다.

그는 「남겨진 노래」 음반에 실린 〈Little Hero〉에서 "눈을 들어 하늘을 보라 타오르는 태양을 보라 / 힘겨웠던 지난날들의 아름다운 꿈들을 펴라 / 수많은 사람들의 함성과 환호 속에 / 하늘에 날아오른 우리들의 하얀 꿈"을 외치기도 한다. 하지만 그 자신이 작사하고 작곡한, 그래서 자신의 마음이 오롯이 담긴 〈바람이 불어오는 곳〉에서는 희망의

현실과 이상 사이에서 자기 자신뿐만 아니라 세상
사람들을 위한 고뇌가 얼마나 깊었던지, 김광석은
자신의 유고집에 우리 가슴을 섬뜩하게 하는 말을
남기고 지금 여기 없는 장소로 떠났다. "깡마른 친
구의 김 서린 안경 너머로 세상은 맑게 빛날까?"

진실을 훨씬 더 담담히 모호하게 노래한다. 이는 그가 '불안한 행복'
에 대해 말하는 것과 '힘겨운 날들'과 '새로운 꿈'을 함께 이야기하는
것을 봐도 알 수 있다.

> 설레임과 두려움으로 불안한 행복이지만
> 우리가 느끼며 바라볼 하늘과 사람들
> 힘겨운 날들도 있지만 새로운 꿈들을 위해
> 바람이 불어오는 곳 그곳으로 가네

일상적 암호 'NOWHERE'

'희망의 원리'라는 차원에서 에른스트 블로흐는 더 나은 삶을 향한
인간의 갈망을 '사회 유토피아'에 한정하는 것을 거부했다. 그에게는
사랑을 위한 개인의 갈망이나 이상적 정치·사회 공동체를 위한 염원
이나, 원리적으로 동일한 것이다. 그는 이것을 '젊은 베르테르'의 이
야기를 해석하면서 증명하고자 한다. "괴테는 자신의 에로틱한 상상
을 『젊은 베르테르의 슬픔』에서 자세하게, 쓰라리게 담았다. 이 작품
에서 사랑의 감정은 유토피아의 대상 속에서 마치 거대한 강물처럼
신속하고도 격노하게 흐르고 있다. 베르테르의 사랑은 결코 개울과
같은 협소한 공간에 자리할 수 없을 정도로 거대한 것이었다." 이렇듯
로테에 대한 베르테르의 사랑의 감정은 강력한 갈망과 다를 바 없었

으며, 그것은 베르테르로 하여금 "모든 것을 초월하게 하고 유토피아 적으로 완성시키게 작용했다"라는 것이다.

　이런 점에서는 내가 김광석의 음악 레퍼토리를 감상적 사랑 노래와 함께 낭만적 자유와 유토피아적 희망 노래로 구분한 것은 부박浮薄하게 도식적일 수 있다. 왜냐하면 김광석의 예술적 의지가, 개인적 사랑의 차원에서도 진정으로 행복한 삶을 향한 도도한 갈망을 아프게 품을 때가 있고, 낭만의 유토피아를 찾아가는 여정에서도 〈녹두꽃〉을 부를 때처럼 직접적으로 사회적 저항과 갈망을 담을 때가 있기 때문이며, 더 나은 삶을 위한 모든 사람의 '낮꿈'을 대변하고 있기 때문이다. 즉 무의식으로 홀로 꾸는 세상인 밤꿈과 달리 눈을 뜨고 공동체적 의식으로 함께 꾸는 낮꿈으로부터 그의 삶과 노래는 괴리된 적이 없기 때문이다. 더욱이 블로흐가 말했듯 음악이 존재의 핵심 그리고 그 지평과 관련되므로 "유토피아의 예술"이며, 노래가 근원적 본질을 소환한다Cantus essentiam fontis vocat면 말이다.

　잘 알려졌다시피 1516년 현실 비판과 이상적 공동체를 묘사하며 쓴 책에서 토머스 모어가 만든 '유토피아'라는 말은 그 어원대로 '없는 장소u-topia'라는 의미다. 그래서 영어로는 'no-where'이다. 그러나 우리가 학창시절 말놀이를 하듯 이 말nowhere을 달리 띄어 쓰면 '지금 여기now-here' 또는 '바로 이곳'이 된다. 어디에도 없지만 바로 지금 여기에 있는 것이라는 모순. 사랑을 위한 개인의 갈망이나 이상적 정치·사회 공동체를 위한 염원이나, 모두 양면성을 태생적으로 갖고 있다.

〈두 바퀴로 가는 자동차〉의 복잡하고 아리송한 의미도 이 태생적 양면성을 품고 있음에 다름 아니다.

블로흐도 말했듯 우리의 사유는 어떤 새로운 길을 걷게 한다. 노래도 어떤 새로운 길을 걷게 한다. 그러나 이런 행위는 어디에도 없는 공허한 것에서 시작할 수 없다. 이들은 "기존의 현실에서 찾아낼 수 있는 어떤 새로운 무엇을" 포착하면서 걷기 시작하며, 그 길의 영원성을 의식하고 음미하는 행위다. 때론 아프게 음미하는 행위다. 유토피아의 암호 같은 일상어 또는 일상적 암호 'NOWHERE'는 김광석 음악 레퍼토리의 소로길들을 산책할 때 동반해도 좋은 화두일 것이다.

현실과 이상 사이에서 자기 자신뿐만 아니라 세상 사람들을 위한 고뇌가 얼마나 깊었던지, 김광석은 자신의 유고집에 우리 가슴을 섬뜩하게 하는 말을 남기고 지금 여기 없는 장소로 떠났다.

"깡마른 친구의 김 서린 안경 너머로 세상은 맑게 빛날까?"

그의 말이 바람처럼 우리 목덜미를 선연하게 스친다. 그는 지금 여기 있다.

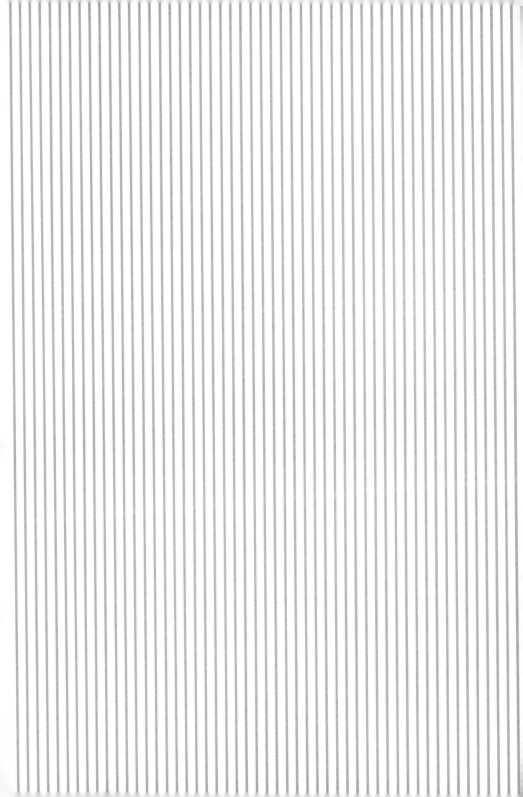

바람 속으로
떠난
노래의
영혼

Chapter 6

Free Like The Wind

가객 김광석에게 바람은 각별한 존재였으며, 존재한다는 것의 의미를
전해주는 메신저였다. 나아가 그는 '바람의 존재'를 의식하는 순간 그것
이 곧 '존재의 바람'임을 깨닫기도 했다. 그래서 그는 자신의 음악이 한
창 무르익어갈 때 "바람이 불어오는 곳, 그곳으로" 긴 여행을 떠났는지
모른다.

김광석은 참 바람 같은 사람이다. 우리 몸과 얼에 바람같이 스며드는 노래를 불러주던 이가 홀연 바람처럼 세상을 떴는데, 그가 남긴 몇 마디 말조차 바람처럼 선연히 스치다니……. 팬들은 그를 "바람이 불면 생각나는 사람"이라고 한다. 지금도 그의 노래를 들으면 그가 바람처럼 불어와 곁에 앉을 것만 같다. 지금 노래로는 있지만 모습으로는 없기에 우리는 더욱 그를 찾는다. 있음과 없음의 혼동을 일으키는 가객, 김광석은 참 바람을 닮았다. 아니, 바람이 김광석을 닮은 것 같다.

바람이 우리 마음을 끌어당기는 것은 '모습'이 없기 때문이다. 무형인 것이 온갖 기운을 다 지니고 있기 때문이다. 바람은 없는 듯 있고 있는 듯 없다. 그건 '기게스의 반지Ring of Gyges' 같은 마력을 지니고 있다. 끼면 자신의 모습을 보이지 않게 하는 마법의 힘을 지닌 반지!

고대 신화로부터 중세 서사시를 거쳐 현대 동화에 이르기까지 사람들을 사로잡는 이 반지의 매력은 있음과 없음의 경계를 모호하게 만든 데에 있다.

그런데 바람이란, 미묘하게 존재하는 그 무엇이 마치 기게스의 반지를 끼고 부재를 가장하고 있는 것 같지 않은가. 그것은 때론 섬세하면서도 때론 엄청나며, 공간에 표류하는 것 같으면서도 대상에 대해 침투적이다. 산들바람은 섬세하기 짝이 없지만 태풍은 엄청난 파괴의 폭군으로 공포스러운 모습을 드러낸다. 바람은 불기도 하지만 스며들기도 한다. 몸에 스며드는 바람은 우리 마음을 요리조리 쑤석인다. 바람은 살갗을 쓰다듬으며 스며들어 어찌할 수 없는 향수를 불러일으키기도 하고, 혼자 삭여야 하는 슬픔으로 가슴 저미게도 하며, 때론 못 견디게 설레는 사랑 그 자체가 되기도 한다.

바람이 매력적인 것은 타자의 모습으로 나타나기 때문이다. 우리에게 타자의 모습으로 존재의 신호를 보내기 때문이다. 꽃잎에 이는 바람, 찬란한 눈보라, 흘러가는 구름, 일렁이는 파도, 나부끼는 깃발, 흩날리는 머리카락, 흔들리며 생각에 잠긴 갈대 같은 모습 말이다. 바람이 연출하는 타자의 모습에 우리 마음은 동요한다. 한 시인은 한 점 부끄럼 없는 삶을 살기를 "잎새에 이는 바람에도 괴로워" 했으며, 또 다른 시인은 나부끼는 깃발에서 "저 푸른 해원海原을 향하여 흔드는 영원한 노스탈자의 손수건"을 연상해냈다.

바람은 무위無爲한 듯 유유자적하면서도 종종 세상 만물에 상징을 연출해주는 의지를 보인다. 깃발이 펄럭이는 것은 깃발의 의지가 아니라 바람의 의지 때문이다. 저무는 때 강 위로 몸을 던지는 장대 같은 빗줄기, 시인을 감동시키는 그 "수직으로 서서 죽는 비"는 바람의 의지가 약해져 있기에 가능하다. 감동적인 이야기들을 따라가다 보면 "사람의 얼굴을 봤을 뿐 시대의 모습을 보지 못했음"을 아쉬워하는 한 관상가를 만나기도 한다. 그는 바다를 바라보며 회한의 심경을 토로한다. "파도를 일으키는 것은 바람이거늘, 파도만 보았지 파도를 일으키는 바람을 보지 못했어……."

바람에 일렁이는 것은 나뭇잎만도 아니고 파도만도 아니며 깃발만도 아니다. 무엇보다도 우리의 마음이다. 그래서 '바람 부는 날'이면 그냥 집에 돌아갈 수 없고 압구정동에 가야 하며, 너에게로 가고 싶고, 그냥 갈대로 흔들리고도 싶다. 아니 바람과 함께하고 싶고, 바람 속으로 들어가보고 싶으며, 무엇보다도 우리 자신이 바람이고 싶다. 시인 신현림은 "바람 부는 날이면 왠지 황홀하면서 가슴이 먹먹하다. 손에 잡히지 않는 그 오래된 시간의 무게를 느껴서일까. 서글프고 가슴이 조여오며 흙먼지에 가려 아득해지듯 깊은 무상함을 느낀다. [……] 바람 부는 날엔 잃어버린 꿈이 되살아난다. 머리카락 휘날리듯이 나의 꿈들도 요동을 친다. 가슴도 뭉클하고 상상력도 천천히 소용돌이친다"라고 고백한다.

가객 김광석에게도 바람은 각별한 존재였으며, 존재한다는 것의 의미를 전해주는 메신저였다. 나아가 그는 '바람의 존재'를 의식하는 순간 그것이 곧 '존재의 바람'임을 깨닫기도 했다. 그래서 그는 데뷔 시절에는 "바람이 불면" 삶에 대한 자성自省의 시간을 갖기 희망했고, 자신의 음악이 한창 무르익어갈 때 세상과 작별하면서 "바람이 불어오는 곳, 그곳으로" 긴 여행을 떠났는지 모른다.

바람의 존재

고대인들이 우주의 기본 요소라고 믿었던 원소들, 즉 고대 원소 Classical Elements의 체계 가운데 기본적인 4대 원소에는 물, 불, 흙, 공기가 들어간다. 이 분류는 바빌로니아, 그리스, 인도, 티베트 등 여러 문명권에서 공통적인 것이다. 이 네 가지 원소 가운데서도 공기는 다른 세 가지 원소들과 다르게 취급되었는데, 흥미로운 것은 공기가 종종 '초자연적supernatural' 요소로 여겨졌다는 사실이다. 그것은 아마도 공기의 비가시성 때문이리라. 즉 우리의 감각을 넘어서는 차원이 있기 때문이었을 것이다. 바람은 공기의 흐름이니 이 역시 물질적인 것만은 아니고 뭔가 초감각적이고 초자연적인 것으로 여겨질 때가 많았다. 다시 말해 뭔가 영적인 존재로 여겨지기도 했다. 영적인 것은 의식에 자극을 주고 소통을 유발한다.

노랫말에 '바람'이 들어가는 경우는 많다. 그 가운데 적지 않은 경우에서 사랑하는 사람의 마음과 행위를 바람에 비유한다. 가수 이용의 히트곡 〈바람이려오〉가 대표적인 예다. "그대 잠든 머리맡에 가만

팬들은 그를 "바람이 불면 생각나는 사람"이라고 한다. 지금도 그의 노래를 들으면 그가 바람처럼 불어와 곁에 앉을 것만 같다. 지금 노래로 있지만 모습으로는 없기 때문에 우리는 더욱 그를 찾는다. 있음과 없음의 혼동을 일으키는 가객, 김광석은 참 바람을 닮았다. 아니, 바람이 김광석을 닮은 것 같다.

히 앉아 / 이 밤을 지키는 나는, 나는 바람, 바람이려오 [……] 산들산들 불어오는 포근한 바람 / 이 밤을 지키는 나는, 나는 바람, 바람이려오." 이렇게 감미로운 노랫말과 가락은 고대 신화의 제피로스Zephyros를 연상시킨다. 제피로스는 봄에 부는 서풍으로 바람의 신들 가운데서도 가장 감미롭고 봄 햇살 같은 이야기를 만들어내는 신이다. 그 대부분은 사랑 노래인데, 노랫말을 구성하는 낱말로서 바람도 사랑의 밀어蜜語와 애무를 은유하는 경우가 많다.

그러나 낭만가객 김광석의 노래에서 이런 바람의 은유는 오히려 찾아보기 힘들다. 사랑 노래에서 김광석이 '바람'을 은유할 때는 사랑의 열정이 아니라 그 열정으로부터 자의식을 찾을 때다. 그의 대표적(?) 절창이라 할 수 있는 〈너무 아픈 사랑은 사랑이 아니었음을〉에서 그 점을 엿볼 수 있다. 이 노래의 가사는 앞서 3장에서 언급했듯 원래 류근 시인이 지은 것이다. 그런데 시인이 한 음반기획사에 줄 뻔한 노랫말을 김광석이 찾아와서는 달라고 해 그 자신이 곡을 붙여 불렀다.

첫 소절부터 그는 애절하게 노래한다. "그대 보내고 멀리 가을새와 작별하듯 / 그대 떠나보내고 돌아와 / 술잔 앞에 앉으면 눈물 나누나." 그는 "눈물 흘러내리는 못다 한 말들"을 안고 이별한 그 아픈 사랑을 도저히 지울 수 없을 것 같다.

하지만 이 비극의 극단에서 그는 이 사랑을 다르게 비추는 거울을 발견한다. "어느 하루 바람이 젖은 어깨 스치며 지나가고 / 내 지친 시간들이 창에 어리면 그대 미워져." 그러고는 이 사랑의 이면을 깨닫는다. "너무 아픈 사랑은 사랑이 아니었음을 / 너무 아픈 사랑이 아니었음을."

바람은 어느 하루 어깨를 스치고 지나갔을 뿐이건만 그의 의식은 삶의 거울에서 또 다른 차원을 포착한 것이다. 그가 후렴 "너무 아픈 사랑은 사랑이 아니었음을" 여러 번 되풀이해서 노래할 때, 그의 목소리는 앞 소절들을 부를 때처럼 삶의 진액을 짜듯 애절하지 않다. 삶의 굴렁쇠를 굴리며 고개를 넘어가듯 점점 담담해진다.

'동물원' 보컬 시절 김광석을 대중적으로 널리 알린 노래인 〈거리에서〉에서도 이와 유사한 바람의 은유를 찾아볼 수 있다. 이 노래도 사랑의 상실감이 깊게 밴 노래다. 하지만 노래를 듣고 있노라면 '쓸쓸함도 이렇게 아름다울 수 있구나' 하는 감동을 느끼게 된다. 애절한 사랑과 아픈 이별은 인생의 '사건'들이다. 우리는 이 때문에 흩어져간 자의식의 편린들을 수거해야만 한다. 그래야만 바로 그 애절하고 아픈 사건들을 담담하게 소화해낼 수 있다.

〈거리에서〉는 이 과정을 정말 잘 보여주는 노래다. 바람이란 단어는 한 번 나오지만 지나간 모든 것을 꿈결같이 만들어버린다. "거리에 짙은 어둠이 낙엽처럼 쌓이고 / 차가운 바람만이 나의 곁을 스치면 / 왠지 모든 것이 꿈결 같아요."

여기서도 바람은 스쳐 지나가는 것일 뿐이지만 내 의식에 의미 있는 흔적을 남긴다. 노래의 첫 소절에서 "검붉은 노을 너머로 또 하루가 저물 때"처럼 지금 지나가는 것들은 이미 지난 일들을 꿈결같이 만들어준다. 이제 사랑의 상처는 꿈결 같은 비단에 싸여 아물어갈 것이다.

그래서 그는 아직도 무척 그립지만 "아름다운 모습으로/마치 아무 일도 없던 것처럼/내가 알지 못하는/머나먼 그곳으로 떠나버린" 그대가 "더딘 시간 속에 잊혀져가는" 과정을 담담히 맞이할 수 있다. 그대가 떠나버린 그 머나먼 곳이 어디인지 묻지 않아도 될 만큼 말이다.

작곡가 구자형은 여기서 '김광석의 절제'를 본다. "김광석은 절제한다. 우리가 정말 누군가를 사랑할 때, 우리 마음이 딱 그렇다. 나라를 다스릴 때는 작은 생선 굽듯 해야 한다고 했다. 사랑은 더하다. 사랑은 우주의 생명과 접신하는 순간들이기 때문이다. 그리고 별들이 자신의 궤도를 유지해야 하듯 사랑에도 어떤 거리가 있다. 그 거리는 사랑의 시야 확보를 위해 필요한 안타까움의 거리다."

자의식 없는 절제는 가능하지 않다. 바람처럼, 지는 석양처럼 문득 지나가는 것들은 우리의 의식을 부축해 일으키는 치유의 손을 지니고 있다. 이런 상실과 자기회복의 진중한 깊이 때문에 이 절제의 노래는 더욱 안타깝고 쓸쓸하게 들린다. 시인 안도현이 그랬듯 "저녁 공기 속에서 쓸쓸하게 새어나오는 〈거리에서〉를 사랑"하지 않을 수 없게 되고 만다.

우리 삶에서 바람의 존재가 보여주는 이 모든 것의 바탕에는 바람의 상징적 본질이 깔려 있다. 그것은 우리 의식이 바람에서 발견한 자연과 생명체의 고귀한 본질이다. 그것은 다름 아닌 자유다. 자유로울 때 자의식을 획득하고 자유로운 자가 절제할 줄 안다. 김광석에게 바람이 소중했던 것은 바로 이 자유의 상징 때문이었다. 그가 직접 작사 작곡한 〈자유롭게〉를 김광석은 바람처럼 자유롭게 노래한다.

하늘에 떠가는 구름들과 같이 **바람**은 자유롭지
꽃잎 위의 맺힌 이슬방울처럼 때묻음 없이
타오르는 태양 은은히 비추는 달빛과 같이
저마다 소중히 태어난 우리
우리는 모두 다 고귀한 존재
자유롭게 자유롭게
바람처럼 자유롭게
열린 마음으로 그저 바라봐 너
너너너 너너 너너너 너

존재의 바람

"아, 자유의 바람." 김광석이 한대수가 작사 작곡한 〈바람과 나〉를 부르지 않았다면, 그건 속된 말로 '말이 안 되는 이야기'가 된다. 자유의 가객 김광석은 그 노래를 기꺼이 불러야 했고 그렇게 불렀다.

끝 끝없는 바람
저 험한 산 위로 나뭇잎 사이 불어가는

아 자유의 바람

저 언덕 너머 물결같이 춤추던 님

무명무실 무감한 님

나도 님과 같은 인생을

지녀볼래 지녀볼래

물결 건너편에

황혼에 젖은 산 끝보다도 아름다운

아 나의 님 바람

못 느낌 없이 진행하는 시간 따라

하늘 위로 구름 따라 무목 여행하는 그대여

인생은 나 인생은 나

인생은 나 인생은 나

    이윤옥에 따르면, 김광석은 "한대수의 노래를 [우리나라] 포크 음악 계보의 첫자리에 두었다"라고 한다. 이런 이유에서라도 김광석이 이 노래를 부른 건 당연한 듯하다. 이 곡을 처음 부른 사람은 김민기였고 그의 첫 음반에 실렸다.

    한대수의 〈바람과 나〉 노랫말은 그 후로 줄곧 음악계뿐 아니라 문학과 신학에서도 연구의 대상이 되었다. 평자들은 이 노래에서 '달관한 경지의 도인'을 보기도 하고, 체념의 극치를 보기도 하며, 가사에 반복되는 '무無'라는 접두어에 초점을 맞춘 동양철학적 해석을 시도하기도 한다. 그러나 내겐 문제훈의 말이 더 와 닿는다. "그[한대수]는 바람 같은 자유로운 사람이다. 그런 바람 같은 자유로움이 김광석은 좋았나 보다." 그리고 김광석의 노래를 들으면서 '가벼운 해석'이 좋다는 생각이 들었다. 바람에 초점을 맞춘다면 말이다. 바람의 본질이 무거움이 아니라 가벼움에 있기 때문이다. 또한 세속적인 해석이 좋다는 생각도 들었다. 자유는 비자유적 조건으로 가득한 속세에서 의미 있는 것이기 때문이다.

"끝, 끝없는 바람 / 저 험한 산 위로 나뭇잎 사이 불어가는 / 아, 자유의 바람." 끝없음은 자유로움의 본질적 속성이다. 제한이 없다는 의미에서 그렇다. 그다음에 이어지는 "무명무실 무감한 님"도 "무목 여행하는 그대"도 자유의 의미를 담고 있다. 매여 있지 않음을 뜻하기 때문이다. 목적에 매이지 않은 여행, 이름에 매이지 않고 감정에 매이지 않은 인생을 노래하기 때문이다. 마지막 후렴 "인생은 나 / 인생은 나"도 인생과 나를 어떤 매개체 없이 바로 연계한다는 점에서 '나, 자유인'의 의미를 담고 있다.

무엇보다도 내가 좋아하는, 또한 미학적 의미에서 김광석도 좋아했을 소절은, "물결 건너편에 / 황혼에 젖은 산 끝보다도 아름다운 / 아, 나의 님 바람"이라고 노래한 중간 마디이다. 보이지 않는 바람이 눈에 보이는 그 어떤 자연경관보다도 아름답다고 하니 말이다. 〈바람과 나〉의 "나의 님 바람"은 자유의 바람이지만 또한 존재하는 모든 것이 살아가는 의미를 전하는 '존재의 바람'이다. 그래서 아름답다.

바람과 존재의 의미를 이야기하면서 윤동주의 「서시序詩」를 다시 한 번 읊조리지 않을 수 없다. 소중한 것은 그 일부라도 반복해야 한다. "죽는 날까지 하늘을 우러러/한 점 부끄럼 없기를,/잎새에 이는 바람에도/나는 괴로워했다. [……] 오늘밤에도 별이 바람에 스치운다." 여기선 해석이 사족이 되기 십상이다. 그대로 모든 존재의 의미가 다가오는 것 같다.

한편 윤동주는 시 「바람이 불어」에서 「서시」의 단호함과는 달리 바람이 의식을 건드릴 때 방황하는 자신을 표현했다. "바람이 어디로부터 불어와/어디로 불려가는 것일까/바람이 부는데/내 괴로움에는 이유가 없다/내 괴로움에는 이유가 없을까/단 한 여자를 사랑한 일도 없다/시대를 슬퍼한 일도 없다/바람이 자꾸 부는데/내 발이 반석 위에 섰다/강물이 자꾸 흐르는데/내 발이 언덕 위에 섰다."

바람과 존재의식의 관계는 김광석에게도 데뷔 초기부터 노래 속에 잠재하는 문제였다. 윤동주의 시만큼 의미의 무게를 갖지는 않지만, 이미 〈흐린 가을 하늘에 편지를 써〉에서 바람이 일깨우는 일상의 의식을 노래했다.

"바람이 불면 음~/나를 유혹하는 안일한 만족이 떨쳐질까/바람이 불면 음~/내가 알고 있는 허위의 길들이 잊혀질까." 여기서 김광석은 윤동주의 시에서 드러나는 확고한 다짐보다는 소박한 희망의 언어를 사용한다. 의식과 현실의 괴리를 또한 조심스레 의식하기 때문이다.

자의식 없는 절제는 가능하지 않다. 바람처럼, 지는 석양처럼 문득 지나가는 것들은 우리의 의식을 부축해 일으키는 치유의 손을 지니고 있다. 이런 상실과 자기회복의 진중한 깊이 때문에 이 절제의 노래는 더욱 안타깝고 쓸쓸하게 들린다. 시인 안도현이 그랬듯 "저녁 공기 속에서 쓸쓸하게 새어나오는 〈거리에서〉를 사랑"하지 않을 수 없게 되고 만다.

그렇다고 의식의 수위가 약한 것은 아니다. 오롯이 의식하지만 속세적 실천에 대한 당연한 의혹이 있을 뿐이다.

의미의 근원, 저 바람 속으로

바람이 우리의 의식을 건드려 존재의 의미를 전하는 매체라면 그 의미를 온전히 체득하고 체화하기 위해서는 어떻게 해야 할까? 바람이 불어오는 곳, 그곳으로 가야 하지 않을까? 김광석이 직접 작사·작곡하고 죽기 1년여 전에 발표한 곡이라서, 또한 노랫말이 애매모호해서 많은 관심과 의심을 받는 4집 앨범에 실린 노래 〈바람이 불어오는 곳〉에는 존재의 의미를 깨우치기 위한 그의 상징적 의지가 담겨 있지 않을까? 이런 점에서 이 노래는 그의 철학적 성숙함을 보여주는 듯하다.

김광석은 "바람이 불어오는 곳 그곳으로 가네"라고 반복하면서도, "햇살이 눈부신 곳 그곳으로 가네 [……] 나뭇잎이 손짓하는 곳 그곳으로 가네"라고 어떤 자연의 근원으로 가야 함을 노래하고 있다. 이런 곳으로 가고자 하면서도 "바람에 내 몸 맡기고 그곳으로 가네"라고 노래한다. 즉 바람이 가리키는 곳으로, 바람이 일깨워준 곳으로, 바람과 함께 가고자 한다.

여기서 그의 의식은 「서시」에서 보여준 윤동주의 그것에 못지않게 단호하다. 그의 노랫말은 매우 상징적이지만, 결국 존재에 의미가 있다면 그 의미의 근원으로 가야 한다는 단호한 의지를 표현한다. 그러나 이 길은 힘든 길이다. 김광석의 고뇌는 이제 진지함과 심각성을 동반한다.

구자형은 이 노래를 나름 이렇게 해석한다. 김광석은 "바람을 기다리는 나무가 아니라 그 바람과 하나가 되고 싶어했던 것 같다. 그러나 바람을 향해 떠나간 김광석 또한 이미 반쯤은 바람이 되어 있었던 것은 아닐까 싶다. 그래서인지 홀가분한 이 노래의 인트로는 타악기의 리듬과 함께 덜컹이는 기차를 연상케 하면서도 어딘가 낯선 불안이 스며 있다". 이 직관이 크게 틀린 것 같지는 않다. 이 노래에는 고양된 의식의 편린들이 박혀 있고, 그것이 낯선 불안감을 주기 때문이다.

같은 4집 앨범에 실린 〈끊어진 길〉을 어떤 정치적 맥락에서 해석하거나 희망의 노래로 듣거나 하지 않는다면, 우리는 이 노래와 〈바람이 불어오는 곳〉을 같은 선상에서 듣고 의미를 새길 수 있다.

> 높푸른 하늘 희고운 구름
> 먼 산허리 휘돌아 흐르는 강물
> 아무 말 없어도 이젠 알 수 있지
> 저 부는 바람이 어디서 오는지
> 그 길 끊어진 너머로
> 손짓하며 부르네 음~
>
> [……]

내 깊은 잠 깨우니 나도 따라가려네

그 길 끊어진 너머로 나는 가려네 음~

가객은 "바람이 어디서 오는지" 이젠 알 수 있다고 노래한다. 그곳은 '끊어진 길' 너머에 있으며, 바람은 그곳으로 오라고 손짓하며 부르고 있다. 그렇기 때문에 그 행로를 막는 장애를 극복하며 그곳으로 가고자 한다. 존재의 의미를 전하는 바람이 "내 깊은 잠 깨우니" 나도 따라가려 한다. 그러면서 단호하게 반복한다. "그 끊어진 길 너머로 나는 가려네."

김광석은 이 노래를 맑은 고음으로 부르지만 그 특유의 내지르는 창법을 쓰지 않고 매우 차분하게 부른다. 두 소절마다 마지막 연聯은 허밍으로 마무리하며 의지 실행의 보람과 즐거움을 표현하기도 한다.

이제 왜 김광석이 정호승 시인의 〈부치지 않은 편지〉에 곡을 붙이고 죽기 직전 그것을 녹음했는지도 이와 연관하여 이해할 것 같다. 특히 그가 가사를 미세하게 변형하며 부른 소절에서는 더욱 그렇다. "시대의 새벽길 홀로 걷다가 / 사랑과 죽음이 자유를 만나 / 언 강~ 바람 속으로 무덤도 없이 / 세찬 눈보라 속으로 노래도 없이 / 꽃잎처럼 흘러 흘러 그대 잘 가라." 이 소절은 '그대'에게가 아니라 그 자신에게 하는 말이다. 그는 바람 속으로 가고 싶었던 것이다. 모든 의미의 근원으로 가고 싶었던 것이다.

김광석은 분명 '자유의 바람'을 좋아했다. 그래서 바람처럼 자유롭기를 바랐다. 그러면서도 바람이 일깨운 의식으로 삶과 존재의 의미를 보았고, 일상적 삶의 고뇌 속에서도 이를 향한 예술적·철학적 의지를 잊지 않았으며 그것을 음악에 담으려 했다.

김광석의 노래에 감염되어 여전히 속수무책이라는 안도현은 묻는다. "이 세상 모든 나뭇잎을 흔들고 가는 바람이 기이하게 어느 한 나무에만 닿지 않는다면 그것을 우리가 나무라고 부를 수 있을까?" 나무가 나무이기 위해서는 바람에 흔들려야 한다. 무서운 것 없이 무성한 가지를 펼치며 "하늘을 찌를 때까지 자라려고" 다짐하는 나무라면 더욱 그렇다. 이는 '생각하는 갈대'인 사람에게도 마찬가지이다. 흔들리지 않는 갈대에 사색의 영혼이 깃들겠는가. 김광석의 감수성은 이 의미를 미리 포착하고 있었던 것 같다. 바람 속으로 떠난 노래의 영혼이여, 언제나 '존재의 바람'과 함께하라!

그리고 그 바람처럼
시나브로 스며드는
그 바람처럼
바람의 노래로 다시 돌아오라!

'다시 부르기' 와 철학하기

Chapter 7

Once Again

탐구의 목적은 본질을 찾는 것이다. 김광석에게 그 본질은 음악과 노래의 본질이다. …… '다시' 무엇을 한다 함은 기존의 것을 단순 반복하는 게 아니라 그 본질의 탐구를 통해 거듭 새롭게 태어나도록 하는 것이다.

바람의 노래로 다시 돌아오라! 바람 부는 날이면, 유난히 김광석의 노래를 '다시 더 한 번' 듣고 싶다. 다시 더 한 번! 그가 우리에게 가르쳐준 삶의 열정이고 삶의 지혜이다.

김광석은 이 열정과 지혜를 구체화하는 작업을 했는데, 그것이 바로 우리 가요의 역사에 굵은 획으로 남은 「다시 부르기 1」과 「다시 부르기 2」 음반이다. 김광석은 '다시 부르기'라는 새로운 음악장르를 창조한 것이다.

'다시' 부르기

김광석은 노래를 부르는 사람이다. 음반을 내고 공연을 하면서 노래를 불러왔다. 더구나 라이브 공연 1000회라는 기록까지 세우며 노래 부르는 일을 천직으로 알고 살았던 사람이다. 그러므로 '다시 부르기'라는 말에서 그에게 각별한 단어는 '부르기'가 아니라 '다시'라는 부사이다. 이 부사는 아주 평범하고 일상에서 빈번히 쓰이는 단어이다. 그런데 김광석에게는 매우 철학적인 의미를 지닌 단어였다. 왜 그랬을까? 결론부터 말하면, 그 단어의 의미와 그에 따른 실천이 진실한 삶을 영위하도록 해주었기 때문이다. 김광석이 유고집에 남긴 고백을 들어보자.

> "불러왔던 노래들을 **다시 부르며** 노래의 **참뜻**을 생각하니
> 또 한 번 부끄럽습니다."

필자가 강조 표시를 했듯이 김광석에게 '다시 부르기'는 '참뜻'을 생각하고 참뜻을 찾아가는 일이다. 그것은 노래의 참뜻일 뿐 아니라, 나아가 이 세상의 참뜻이다. 삶의 참뜻, 사랑의 참뜻, 사람됨의 참뜻이다. 참뜻을 찾아가는 것, 그에게 '다시 부르기'는 다름 아닌 '**철학하기**'인 것이다. "참뜻을 생각"하면 자기반성과 자아성찰을 하게 된다. 그러면 부끄럽기도 하지만 삶의 새로운 출발을 위한 계기가 된다.

> "되돌아보고 일어나 가야 할 길을 미련 없이 가고 싶었습니다.
> 세수를 하다 말고 문득 바라본 거울 속의 내가 낯설어지는 아침,

부르고 또 불러도 아쉬운 노래들을 다시 불러봅니다.

이제 다시 시작이다. 젊은 날의 꿈이여."

자신이 다시 불렀던 〈이등병의 편지〉의 노랫말로 굳은 다짐을 하는 김광석의 모습이 눈에 와 박힌다. 여기서도 우리는 1장과 2장에서 살펴보았듯 그가 부르는 노래에서 '주제의 확장성'을 실감할 수 있다. 김광석은 '인생 이등병'으로서 삶을 다시 시작하겠다는 다짐을 하고 있기 때문이다.

또한 그에게 '다시 부르기'는 음악적 차원에서 음반을 출시하는 문제가 아니라, 삶을 진지하게 살아가는 문제라는 것을 확인할 수 있다. 또 다른 유고에서 그는 이렇게 말한다. "1988년부터 불러왔던 노래들, 아니 대학을 들어와 부르고 배웠던 노래들, 줄곧 같은 감정이 아니라, 그때그때 느낌이 조금씩 달라지면서 그래도 순수함으로 다가설 수 있었던 노래들을 다시 부릅니다. 다시 부르며 지난 많은 일들이 떠오르고 다시 다짐하며 내 길을 떠나렵니다." 여기서도 다시 부르기는 삶에 대한 다짐이고 새로운 실천이다.

김광석의 삶에서 '다시 부르기'와 '철학하기'가 일치될 수 있었던 것은 — 그를 지켜본 평론가들이 증언하듯이 — 무엇보다도 일상생활에서 밴 습관 덕분이다. 음악평론가 김경진은 "뛰어난 감수성과 깊은 **사색의 습관**이 있었기에, 그리고 비범한 목소리를 가지고 있었기에 그는 '자신의 것'이 될 수 있는 시와 노래를 골라내고 자신의 방식으로 해석하고 표현할 수 있었다"라고 전한다. 평론가 김작가도 이에 동의한다. "〈이등병의 편지〉부터 〈광야에서〉까지 모든 노래들이 마치 원래부터 김광석이 만들고 불렀던 것 같은 착각을 부르는 것이다. 이를 가능케 했던 건 무엇이었을까. 타고난 가창력 때문만은 아니었다. 공연 때 그가 했던 멘트와 이곳저곳에 남긴 글귀에서 확인할 수 있듯, 그는 **항상 고민하고 사색하는** 사람이었다."

필자가 강조 표시했듯이 김광석은 '사색하는 사람'이었다. 누구든 두뇌가 있다고 누구나 생각을 하는 건 아니다. 생각해버릇해야 생각할 수 있다. 마치 혀와 입이 있다고 다 말을 잘하는 게 아니라 말하는 연습을 하고 습관을 들여야 말을 잘할 수 있는 것과 같다. 이런 의미에서 누구든 철학자가 될 수 있지만 누구나 그렇게 되는 건 아니다. 노력이 필요하다. 지속적으로 진지하게 사색하는 건 어려운 일이기 때문이다. 철학사의 큰 산맥이라고 할 수 있는 칸트I. Kant는 철학Philosopie과 철학하기philosophieren를 구분해 이성의 역할로 철학하기를 강조했는데, 여기서 철학하기란 '이성을 활용해 스스로 생각하는 것'을 뜻한다. 칸트는 우리가 배울 수 있는 것은 철학 그 자체가 아니라 오로지 '철학하기'라고 말한다. 이런 면에서 김광석은 전문 철학자는 아니었지만, '철학하기'의 성과로 자신의 예술세계를 풍족하게 하고 음악의 역사에 남을 큰 업적을 쌓은 것이다.

칸트가 『실천이성 비판』의 결론 부분에 남긴 유명한 문장이 있다. 철학의 고전에서 가장 많이 인용되는 문장 가운데 하나인데, 문장 전체에서 정말 중요한 부분은 생략한 채 인용하는 경우가 종종 있다. 그 문장은 "내 위에 있는 별이 빛나는 하늘과 내 안에 있는 도덕 법칙"이라고 아주 짧게 인용되는 경우가 많고, "점점 더 새롭고 점점 더 커가는 경탄과 외경으로 마음을 가득 채우는 두 가지 것이 있다. 그것은 내 위에 있는 별이 빛나는 하늘과 내 안에 있는 도덕 법칙이다"라고 제법 길게 인용되는 경우도 있다.

문장은 별, 하늘, 도덕, 경탄, 외경 등 의미심장한 단어들로 가득하다. 그러나 이 문장 앞에 있는 아주 평범하고 짧은 '조건 문구'를 생략하면, 이 위대한 문장은 그 의미와 가치를 상실한다. '철학하기'의 의미를 삭제하기 때문이다. 따라서 그 문장은 이렇게 말해야 온전히 그 의미와 가치를 획득하다. **"그에 대해 자주 그리고 지속해서 깊이 생각하면 할수록**, 점점 더 새롭고 점점 더 커가는 경탄과 외경으로 마음을 가득 채우는 두 가지 것이 있다. 그것은 내 위에 있는 별이 빛나는 하늘과 내 안에 있는 도덕 법칙이다."

필자가 굵은 글씨로 강조했듯이 '자주 그리고 지속해서 깊이 생각하는 것', 즉 철학하기가 없으면 우리는 고귀한 것을 발견할 수 없다. 김광석은 '다시 부르기' 음반을 준비할 때, 곡의 선정에 공을 많이 들였다고 한다. 탐구 정신이 대단했다는 뜻이다. 탐구의 목적은 본질을 찾는 것이다. 김광석에게 그 본질은 음악과 노래의 본질이다. 탐구 정신을 실행하는 방식은 거듭 지속적으로 생각하는 것이다. '다시' 무엇을 한다 함은 기존의 것을 단순 반복하는 게 아니라, 그 본질의 탐구를 통해 거듭 새롭게 태어나도록 하는 것이다. 이런 의미에서 김광석은 철학하기의 탐구 정신과 재창조의 탁월한 능력을 지닌 아주 독특한 싱어송라이터였다.

의미의 새로움으로

'다시'라는 부사에는 '거듭'이라는 뜻에 '새로움'이라는 의미가 잠재해 있다. 그래서 말하는 사람의 의사에 따라 의미의 뉘앙스를 달리해 표현할 수 있다. 즉 단순히 반복하는 것을 강조할 수도 있고 새롭게 되풀이하는 것을 강조할 수도 있다. 서구어에서는 새로움의 뜻을 강조해 '다시'를 표현하는 말이 여럿 있는데, 프랑스어에서 '다시'라는 표현으로 일상에서도 자주 쓰는 '드 누보de nouveau'나 이탈리아어에서 '디 누오보di nuovo'는 전치사에 '새로운'이라는 형용사가 붙은 것이다. 독일어에서도 전치사와 형용사 조합으로 된 '폰 노이엠von neuem'이라는 표현이 있다. 영어에서는 '새롭게 다시'라는 뉘앙스의 '어뉴anew'라는 부사가 있다.

이러한 단어 분석에서 얻은 힌트 말고도 앞에서 말했듯이 '탐구 행위'의 의의는 기존의 것을 거듭 '새롭게' 태어나도록 한다는 데에 있다. 이는 김광석의 경우뿐 아니라 모든 학문과 예술 분야에 적용되는 것이다. 탐구 행위는 기존의 지식을 확인하는 데 그치지 않고 새로운 발견, 앎 그리고 깨우침을 추구한다. 기존의 지식에 관한 것이라도 그 새로운 면을 발견해 소통하는 것이다. 예술에서도 탐구 행위는 기존의 형식을 답습하는 것이 아니라, 미적 형식을 창조하고 재창조하는 과정과 그것의 표현이다.

그런데 김광석은 자기와 같은 시대를 보냈던 작가의 노래뿐만 아니라('노찾사'와 '동물원'의 곡들이 대표적이다), 시간적으로 꽤 오래된 노래도 리메이크해서 불렀다. 특히 「다시 부르기 2」에서 그렇게 했는데, 이 음반의 첫 트랙 〈바람과 나〉의 원곡도 1990대 말의 가요팬들에게는 '생소할 정도로' 오래된 것이었다. 거의 한 세대 차이가 나기 때문이다. 하지만 과거의 것에서 무엇인가를 찾아내는 일은 현재의 사람에게 새로운 의미를 준다.

현대 해석학의 대가 가다머H. G. Gadamer가 주장하듯 과거를 상기하고 과거의 사실을 해석하는 것은 '의미를 위한 새로운 기획'이다. 그의 말처럼 "새것은 곧 헌것이 되고, 헌것은 새것처럼 나타나기도 한다". 특히 신화, 예술, 언어, 사상 등 이른바 '문화적 추억'은 우리 삶의 새로운 의미를 위한 것이라고 할 수 있다. 다시 말해 새로움은 앞에만 있는 것이 아니라 뒤에도 있다. 인간의 영혼은 앞과 뒤 모두 열려 있기 때문이다.

김광석도 자신의 예술 행위가 항상 새로움과 함께 숨 쉬기를 바랐고 그렇게 되도록 노력했다. "팬들과도 항상 새롭게 만나고 싶고 노래에서도 매일매일 새로움이 묻어나길 바랍니다." 그는 '매일매일' 일상의 새로움까지도 희망했고 그러기 위해서 많은 노력을 했다. 그래

서 그의 「다시 부르기 1」과 「다시 부르기 2」 앨범에 실린 곡들 가운데
는 "오리지널을 뛰어넘을 만큼 완벽하게 다른 옷을 입혀 새로운 개념
의 창작곡으로 태어난 것도 있다"라는 평을 받은 것도 있었다. 무엇보
다도 한동안 숨겨졌던 노래들을 발굴한다는 것 자체가 새로운 것을
창출하는 일이다.

또한 그 새로움은 다양성에 기여한다. 이 점은 오늘날과 같이 음악
트렌드가 획일화 경향을 보이는 때에는 더욱 소중한 문화적 가치가
된다. 평론가 원용민은 이와 연관하여 흥미로운 견해를 보인다. 그는
"김광석이 아직도 살아 음악계에서 활동을 하고 있다면 어땠을까?"
라는 가정을 해본다. 그러고는 그 결과를 이렇게 추측해본다. "물론
'한류'로 포장된 아이돌 중심의 음악 트렌드는 달라질 것이 없었을
수도 있지만, 적어도 지금의 40~50대 중장년 층들은 '대학가요제' 때
의 추억에서 벗어나지 못하고 있는 소위 '7080 사운드'보다는 좀 더
다채로운, 현재진행형의 사운드를 즐길 수 있지 않았을까 하는 생각
을 해본다."

이 점은 가요계뿐 아니라 문화 전반의 차원에서도 매우 중요한데,
4장에서 보았듯 김광석의 낭만성은 일차적으로 자기 예술세계에서
다양성을 추구했다는 데에 있다. 물론 신곡을 발표하는 것도 다양성
에 기여한다. 그러나 언급했듯이 새로움을 향한 문은 앞과 뒤로 열려
있어야 한다. 이런 차원에서 김광석은 가요계에서 '고고학적 상상력
과 탐구 의지'를 발휘해 '의미의 새로움'을 창출해낸 경우라고 해도

김광석에게 '다시 부르기'는 '참뜻'을 생각하고 참
뜻을 찾아가는 일이다. 그것은 노래의 참뜻일 뿐 아
니라, 나아가 이 세상의 참뜻이다. 삶의 참뜻, 사랑
의 참뜻, 사람됨의 참뜻이다. 참뜻을 찾아가는 것,
그에게 '다시 부르기'는 다름 아닌 '철학하기'인 것
이다.

과언이 아닐 것이다.

'다시 부르기'와 연관하여 김광석에게 쏟아지는 찬사는 모두 그가 '남의 노래'를 완벽히 소화해서 '자기 노래'로 만들었다는 점을 높이 사는 것이다. 구자형도 "다른 작곡가들의 노래도 모두 자작곡처럼 들리게 만든 능력은 김광석의 또 다른 특별한 점이라 할 수 있으리라" 하고 칭찬했다. 김작가는 "김광석의 놀라운 힘은 남의 노래를 자신의 노래로 체화하는 완벽한 소화력이다"라고 했고, 김경진 역시 "타인의 꿈과 이상과 철학, 경험치를 자신의 것으로 표현해내는 그의 타고난 재능"을 높이 샀다.

그러나 1장에서도 말했듯 김광석이 진짜 뛰어난 점은 남의 노래가 '우리의 노래'가 되게 했다는 데에 있다. 고고학적 상상력에 사람들이 매력을 느끼는 것은 상상력의 힘으로 추적한 옛 유물을 아주 치밀하게 발굴해서 오늘로 가져오기 때문이다. 그래서 '옛날이야기'가 '우리 이야기'처럼 들리기 때문이다. 아, 물론 이건 고고학에서 하는 말이다. 그것이 역사에 실존했던 슐리만H. Schliemann의 트로이 유적 발견이든, 허구적 인물인 인디애나 존스Indiana Jones의 모험이든 마찬가지이다.

가요계의 고고학자 김광석도 섬세한 감성의 날개 달린 상상력으로 숨겨진 노래를 추적해 아주 치밀하게 발굴해서 우리에게 정성스레 전달해준다. 그래서 노래의 의미는 새롭게 살아나고, 그 노래 안에서 우리 삶의 보편적 감동과 의미를 느끼는 것이다. 곧 우리의 노래를 듣고 부르게 된다.

변하는 것과 변하지 않는 것

"김광석은 변화를 향해 자신의 음악에 물꼬를 열어놓고 있던 가수
였다. 이런 변화에 대한 갈망이 늘 그를 움직였다. '라이브 언더그라
운드' 가수, '노래를 찾는 사람들'의 민중가수, 회색분자들의 대변자
인 '동물원'의 가수, 슬픈 사랑의 발라드 가수, 그리고 포크로의 회귀,
이 일련의 변화 과정을 집약한 음반이 바로 '다시 부르기'였다." 이윤
옥이 전하는 말이다.

새로움을 추구하면 변화는 일어나기 마련이다. 또한 변화의 결과가
새로움이기도 하다. 이렇듯 새로움과 변화는 서로 맞물리는 개념이
다. 김광석도 이 점을 깊이 인식하고 있었다.

"음악을 통해 제가 항상 꿈꾸는 것은 변화에 대한 갈망입니다. 팬들과
도 항상 새롭게 만나고 싶고 노래에서도 매일매일 새로움이 묻어나길
바랍니다. 그러나 새로움의 열망, 밑바닥에는 항상 변하지 않는 나만
의 목소리, 색깔이 남아서 빛나고 있길 동시에 꿈꿉니다.
변화를 꿈꾸는 것과 변하지 않고 영원히 꺼지지 않는 불씨를 간직하
고 싶다는 열망은 이율배반적인 듯 보이지만, 한편으로는 서로가 서
로를 보완해주는 공생공존의 관계에 있다는 게 저의 믿음입니다. 보

다 본질적인 변화를 위해서는 그 본질의 빛이 더욱 밝게 빛나고 있어야 한다고 봅니다. 변화는 변하지 않는 것이 중심을 잃지 않고 자리를 지키고 있을 때 더욱 가치 있다고 생각합니다."

흥미로운 것은 여기서 김광석이 '불변'을 논하고 있다는 점이다. 불변을 논한다는 것은 철학적 사색에 빠져들고 있다는 뜻이기 때문이다. 아니, 좀 더 확장하면 인류는 불변의 가능성을 추구하고 논하면서 학문을 하기 시작했다. 일반 상식으로 보면 아닐 것 같지만, 그것이 철학뿐 아니라 자연과학의 발달을 가능하게 한 직접적 이유였다. 가시적인 변화 현상 너머를 보려는 시도와 노력이 없었다면 인간사고의 발달과 학문의 체계적 발전 및 그 기술적 적용은 불가능했을 것이다. 이는 철학사와 과학사를 살펴보면 잘 알 수 있는데(쉬운 예를 들어, 사과가 떨어지는 것은 변화이다. 움직임이니까. 그 가시적 변화 현상을 통해 발견한 것이, 비가시적 불변의 원리 또는 불변의 원리라고 믿는 만유인력의 법칙이다), 옆길로 너무 나갈 것 같으니 여기서는 이쯤 해두자. 아무튼 중요한 것은 이 점이다. 불변에 관심을 보인다는 사실을 볼 때 김광석이 평소 꽤 깊이 있는 사색에 익숙했음을 잘 알 수 있다. 그는 철학하기에 익숙했던 것이다.

김광석이 변화와 불변에 대해 사유하기 시작했으니, 좀 더 나아가 보자. 변화와 불변의 묘한 관계는 본질적으로 세계관과 밀접하다. 이 세상을 불변의 존재로 인식할 것인지 아니면 끊임없는 변화의 연속으로 볼 것인지는 고대로부터 대립해온 두 입장이다. 적어도 서양사상사에서는 이러한 이항대립적 해석의 시도가 줄곧 있어왔다.

가시적 현상의 관점에서 보면, 불변의 존재를 주장하는 것은 설득력을 갖기 어렵다. 변화가 상식이다. 그래서 고대 철학에서 최초로 불변을 존재의 원리로 주장했던 파르메니데스의 주장은 '상식의 모독'이었다. 반면 자연현상과 인생 역정을 관찰해도 알 수 있는 변화의 연속은 쉽게 이해가 가며 훨씬 우세한 입장에서 주장할 수 있다.

그런데도 지난 인류 역사에서 학자들은 불변의 요소와 그 근거를 찾으려는 노력을 멈춘 적이 없다. 그리고 그것이 깨달음의 길이고 그 깨달음이 또한 실용적 삶의 지표가 되리라는 믿음을 버린 적이 없다. 변화와 불변이 상호침투적으로 세상을 구성한다는 사실을 직감했기 때문이다. 김광석도 그것을 직감하고 있었다. 그래서 이미 언급했듯 그가 일상에서 철학적 사색을 했다고 본 것이다.

"모든 것은 변하며, 끊임없이 지속되는 것은 변화 그 자체뿐이다." 다시 말해 "변치 않는 것은 모든 것이 변한다는 사실"이라는 명제 속에서 고대 그리스의 헤라클레이토스는 로고스logos를, 중국의 노자는 도道를 보았다. 이것은 그들에게 만물의 법칙으로 인식되었으며, 그 법칙으로 그들은 변화와 불변을 동시에 본 것이다. 그들의 혜안은 변화와 불변의 정곡正鵠을 가로지른 것이다.

사상사에서는 종종 "모든 것은 흐른다"라는 말로 유명한 헤라클레이토스의 생각을 변화와 흐름의 철학이라고 해석해 파르메니데스의 부동과 불변의 존재철학에 대립시키고자 했다. 하지만 그것은 너무 단순한 해석이었다. 헤라클레이토스는 변화가 존재를 가능하게 하는 것으로 보았고, 파르메니데스는 이 세상 전체로서 부동의 존재가 있어야만 변화의 움직임을 품을 수 있다고 보았던 것이다. 헤라클레이토스가 변화를 통해 존재를 인식했다면 파르메니데스는 '전체로서의 존재'를 인식함으로써 존재 안에서 가능한 변화를 인식한 것이다.

사람들은 신세대나 새물결 등의 표현이 사실 동어반복일 수 있음을 쉽게 간과한다. 예를 들어 유기적 자생력을 지니지 않은 물체인 헌옷과 새옷은 분명히 구분의 의미가 있지만, 세대나 물결처럼 자생적 역동성이 그 존재의 조건이라면 지속적으로 태어나고 자라나는 세대는 모두 신세대이고 흐름 속에 있는 물결은 모두 새물결인 것이다. 장강長江의 뒷물결이 앞물결을 밀어내는 것은 너무나 당연하다. 그렇지 않으면 장강은 존재할 수도 없기 때문이다. 세대는 끊임없이 변해도 인간존재는 그대로 있으며, 물결이 서로 쉴 새 없이 밀어내고 흘러도 강은 강으로 존재하는 것이다. 아니 바로 그 세대와 물결의 단절 없는 변화가 인간과 강을 변함없이 존재하게 하는 것이다. 지속적 변화는 변함없는 존재를 위해 봉사하고 있는 것이다.

이렇듯 지속적 변화의 현상과 변화를 안고 있는 존재에 대한 불변의 인식에 대해 생각해보면, 변화와 불변의 비밀스러운 역설은 이제 너무도 당연해 보인다. 사실 변화의 욕구는 이미 불변의 기획 안에 있는 것이며 불변의 인식은 변화의 과정에 수반하는 것이다. 그러므로 현실적 삶에서 중요한 것은 불변의 타성에 감추어진 변화의 기운과 변화의 현란함 속에 망각되는 불변의 숨결을 포착하는 태도다. 이것이 바로 김광석이 자신의 사색으로 포착했던 것이고 실천의 원리로 삼았던 것이다.

구자형이 전하는바 언젠가 김광석은 자기 콘서트의 백밴드 멤버 이민영에게 이런 말을 했다고 한다. "민영아, 벽난로 불은 항상 같은 불인데 똑같은 모습이 한 번도 없다. 파도도 그래." 이민영은 그 말을 왠지 잊을 수가 없다고 했다. 구자형은 이 에피소드를 "늘 변함없지만 늘 변화하는 불길과 파도 같은 음악과 노래. 그것이 김광석 음악인 셈이다"라고 해석한다.

김광석은 불꽃의 심연, 파도의 심연을 보고자 했다. 우리는 '다시 부르기'라는 다양한 변화의 불길 그 중심에서 자기 자리를 지키고 있는 가객을 본다.

다시 더 한 번, 마지막처럼 부르기

'다시'라는 말에는 종종 '한 번 더'라는 뜻이 함께한다. 그래서 우리말에서는 '다시 더 한 번'이라는 표현이 '다시'와 '한 번'을 연계하면서 의미 전달의 강도와 효과를 높여준다. 이 표현을 아주 절묘하게 써서 감동의 여운을 절절히 길게 남긴 경우가 김소월의 저 유명한 시 「가는 길」이다.

그립다

말을 할까

하니 그리워

그냥 갈까

그래도

다시 더 한 번

[……]

앞강물, 뒷강물,

흐르는 물은

어서 따라오라고 따라가자고

흘러도 연달아 흐릅디다려

　여기서 "다시 더 한 번"은 모순의 절대성을 보여준다. '다시'는 반
복의 뜻을 지니므로 계속됨의 표현이지만, '한 번'은 그 지속적 욕구
에 고통스럽게 스스로 한계의 칼을 씌우고자 하는 의지의 표현이다.
둘 사이에 있는 '더'는 양 축을 이어주는 모순의 고리이다. '더'는 '다
시'에 의해 첨가되지만 '한 번'에 의해 차단된다.
　이와 비슷한 뜻을 지닌 표현이 서구어에도 있다. 영어의 '원스 어

게인once again'이나 '원스 모어once more'라는 표현이 그렇다. 프랑스어의 '앙코르 윈느 푸아encore une fois'가 그렇고 독일어의 '노흐 아인말noch einmal'이 그렇다. 이는 우리가 문화권에 차이 없이 뭔가를 다시 할 때는 '한 번만 더' 하는 것으로 끝낼 것처럼, 곧 마지막 기회인 것처럼 하려는 의지를 보인다는 뜻이다.

김광석에게는 이 의지가 대단했다. 그에게는 '다시 부르기'에 실린 곡들이 모두 '마지막으로 부르기'인 것과 같다. 다음이 없을 것처럼 진지하게 진력을 다해 부른다. 사람들이 흔히 지나치는 것이지만, 그에게 모든 라이브 공연은 '다시 부르기'이다. 그 '한 번'의 부르기에 김광석은 몸과 얼을 모두 쏟아 넣는다. 또한 라이브에서 부르는 그의 모든 노래는 '마지막 노래'이다. 그 한 번을 마지막처럼 부르기 때문이다.

김광석이 자신이 하는 예술을 얼마나 진지하게 대했는지는 그의 데뷔 초기 때부터 알 수 있는 것이었다. 구자형은 1987년 '노찾사' 공연을 준비하던 때를 회고하는 박기영의 말을 전한다. "〈녹두꽃〉은 가요도 아닌 것이 가곡도 아닌 것이 참 특별한 노래였어요. [……] 그 노래를 광석이 형이 부르는데, 그때까지 한 번도 들어본 적이 없는 독창성에 감탄을 금치 못했어요. 그런 곡 해석이 존재하리라 상상해본 적도 없었거든요. 그야말로 광석이 형을 위한 노래였죠. 하긴 뭐든 광석이 형이 부르면 전혀 다른 노래가 됐지만요." 이에 구자형은 김광석의 노래를 이렇게 정의 내린다. "김광석이 부르면 전혀 다른 노래가 된다.

그에게 모든 라이브 공연은 '다시 부르기'이다. 그 '한 번'의 부르기에 김광석은 몸과 얼을 모두 쏟아 넣는다. 또한 라이브에서 부르는 그의 모든 노래는 '마지막 노래'이다. 그 한 번을 마지막처럼 부르기 때문이다.

그렇다. 김광석의 노래는 고유명사였다."

앞서 4장에서 '낭만가객' 김광석이 불러온 미학 혁명을 이야기하면서 했던 말, "어느 한순간의 노래, 그것은 유일하며 동시에 전부인 것이다"라는 그 말을 '다시 더 한 번' 반복하게 된다. 김광석이 노래하는 순간은 '다시'의 상대성이 '한 번'의 절대성에 모두 흡수되어버리는 순간이다. 이 모든 것은 예술가의 진정성이 매 순간 실천될 때에만 가능하다.

이윤옥은 김광석의 목소리는 "주류의 음악에선 느낄 수 없는 감동을 주었다"라고 한다. 또한 "그의 이력은 주류의 대중음악이 들려주지 못하는 노래를 들려줄 거라는 기대를 갖게" 했고, 김광석은 "그런 기대를 저버리지 않았다"라고도 전한다. 이 모든 일이 가능했던 것은 그가 남들과 다른 새로움을 지고至高의 진지함으로 추구했기 때문이다. 예술가의 진정성은 대세에 흔들리지 않을 때 더욱 빛난다.

그가 음악적 삶을 얼마나 진솔하고 진지하게 살았는지 증언하는 말은 많다. 그 말을 기록으로 전해주는 사람들이 고맙다. 김광석 자신은 아주 소박하게 자신의 진심을 이렇게 전한다. 라이브 1000회 공연을 마치고 나서다. "무엇보다도 가수로서 열심히 살아왔구나 하는 자기 만족도 있습니다만 앞으로 더 열심히, 그리고 내 스스로 선택한 일에 충실한 사람이 되려 노력할 겁니다."

김광석의 순박한 노력은 '자주 그리고 지속해서 깊이 생각하는' 철학적 삶에서부터 타인의 예술 작품에 담긴 의미와 가치를 발견하곤 그것을 진지하게 숙성시켜 우리에게 혈구의 온도로 전달하는 '마지막 노래'들에 이르기까지 항상 함께했다. 그의 이런 삶과 예술의 진정성에는 우주가 동참한다. "한 송이 국화꽃을 피우기 위해" 봄부터 소쩍새는 그렇게 울고 천둥은 먹구름 속에서 또 그렇게 운다. 예술가가 한 송이 작품의 꽃을 피우는 데에도 천지만물이 참여한다. 진정한 예술가는 결코 외롭지 않다.

진정한 예술가와 함께하는 우리도 외롭지 않다. 그가 '다시 부르는' 노래들은 새날의 태양이 지난밤의 어둠을 살라 먹고 솟아오르듯 한다. 천진난만한 가객의 얼굴같이 "말갛게 씻은 얼굴"로 솟아오르는 고운 해는 "산 넘어 산 넘어서 어둠을 살라 먹고, 산 넘어서 밤새도록 어둠을 살라 먹고" 솟아오른다. 그래서 새 생명이 넘치는 "이글이글 애띤(앳된) 얼굴"로 솟아오른다. 환히 웃는 김광석의 얼굴이 천공에 걸려 있다.

홀연 이 세상을 떠나기 전날 밤까지 김광석은 시인 백창우와 시어를 노래로 만드는 '현대시 음반' 작업을 논의했다고 한다. 그가 '마지막 노래'처럼 부를 아름다운 시어들이 이 땅에 얼마나 많은가. 아쉽다. 그가 언제나 노래로 우리와 함께할 수 있으니 외롭지는 않지만 아쉬운 마음을 어찌 숨길 수야 있겠는가. 이제 그 노래들은 우리 시대의 진정한 예술가들의 몫이다. 김광석도 저 멀리서 아쉬움에 대한 진정한 위안은 새롭고 진지하게 '우리 삶의 노래'를 만들고 부르는 일이라고 말하고 있지 않은가. 고맙다. 정말 고맙다.

김광석을
기억하며[*]

혹한 속에서 김광석은 맑게 웃고 있었다. 대구 방천시장 옆 '김광석 다시 그리기 길'에서 보는 그의 모습들은 햇살처럼 환했다. 안심이 되었다. 보는 사람을 무장해제시키는 그의 웃음 덕에 그가 저 하늘 어딘가에서 20주기 기일을 맞은 사람처럼 느껴지지 않았다. 다행이었다. 그의 노래가 흘러나왔다. "이웃과 벗들의 웃음 속에는 / 조그만 가락이 울려 나오면 / 나는 부르리 나의 노래를 / 나는 부르리 가난한 마음을." 그는 우리와 함께 있었다. 사람들이 그와 어깨동무하고, 허리를 포옹하며, 볼에 볼을 갖다 대며 추억을 만들고 있었다. 영하의 날씨가 춥지 않았다. 행복했다.

한겨울 저녁 대학로 '학전블루 소극장' 주위 거리는 현란한 네온사

인들에도 왠지 황량했다. 겨울밤이 매정한 북풍과 함께 성큼성큼 다가와서 그런가 보다 했다. "거리에 짙은 어둠이 낙엽처럼 쌓이고/차가운 바람만이 나의 곁을 스치면……" 그의 노래가 어두운 골목을 돌아나와 안개처럼 내 몸을 감싸는 듯한 착각 속에서 벽돌담 앞의 그를 보았다. 애절했다. '둥근소리' 회원들이 그의 기일에 바친 꽃다발이 그나마 이 차가운 밤에 위안의 불이 되고 있었다. 행복하세요! 그의 조상 밑 대석에는 '김광석추모사업회'의 헌사가 적혀 있었다. "아름다운 노래들을 수없이 찾아내 우리에게 들려준 영원한 가객." 그의 예술이 우리에게 남긴 발자취에 꼭 맞는 말이었다. 고마웠다.

청광사 가는 길은, 어젯밤의 어둠과 추위를 잊은 듯, 더없이 화창했다. 작은 법당 안에 조그만 위패와 작은 액자에 담긴 사진들이 옹기종기 모여 있었다. 그 앞에서 돌연 맥이 탁 풀렸다. 얼마 전 인대를 다쳐 무릎을 꿇기 힘들었지만 그냥 주저앉았다. 액자 속에서 그는 웃고 노래하며 뭔가 말을 걸 듯 응시하고 있었다. 막 무슨 이야기를 하고 싶어하는 것 같았다. 미안했다. 주지스님이 차와 과일을 내주었다. 불현듯, 그에게 바치는 내 작은 책자를 마지막으로 여기서 다듬어야겠다는 생각이 스쳤다. 동행한 선완규 주간에게 인쇄소에 넘기기 직전의 교정지를 꺼내보자고 했다. 둘은 젯메 뜸 들이듯 마지막 정성을 쏟았다. 위안이 되었다.

김광석이 태어난 곳에서 그가 활동하던 때의 일과 삶의 터전을 거쳐 그가 영면하고 있는 곳까지의 이 짧고도 긴 여행은 특별한 카타르시스의 여정이었다. 그를 가까이에서 볼 수 없었던 아쉬움과 짧게 마감한 그의 인생에 대한 비극적 회한이 일부나마 씻겨나가는 것 같았다. 소박하지만 의미 깊은 일상의 보람이었다.

▪ 김광석 20주기 기일 직후인 2016년 1월 7일과 8일 필자와 이 책의 편집자 선완규 편집주간은 김광석의 고향인 대구 대봉동 방천시장, 주 활동 무대인 서울 대학로, 그리고 그의 위패가 있는 서울 노원구 청광사를 답사했다. 그에게 출간을 알리고도 싶었고, 출간 직전이지만 그가 뭔가 해줄 말이 있을 것만 같았기 때문이다.

김광석 우리 삶의 노래

지은이　　김용석

■

2016년 1월 22일 초판 1쇄 발행

■

책임편집　남미은
기획·편집　선완규·안혜련·홍보람·秀

■

펴낸이　　선완규
펴낸곳　　천년의상상
등록　　　2012년 2월 14일 제300-2012-27호
주소　　　(03983) 서울시 마포구 동교로 45길 26 101호
전화　　　(02) 739-9377
팩스　　　(02) 739-9379
이메일　　imagine1000@naver.com
블로그　　blog.naver.com/imagine1000

■

■

ISBN　　979-11-85811-18-5 03100

■

이 도서의 국립중앙도서관 출판예정도서목록(CIP)은 서지정보유통지원시스템 홈페이지(http://seoji.nl.go.kr)와
국가자료공동목록시스템(http://www.nl.go.kr/kolisnet)에서 이용하실 수 있습니다.
(CIP제어번호: CIP2016000813)

■

잘못된 책은 구입처에서 바꾸어드립니다.